中国債券取引の実務

急成長する発行・流通市場へのアプローチ

みずほフィナンシャルグループ［編著］

一般社団法人 金融財政事情研究会

はしがき

　中国の債券市場は、経済発展と当局による規制緩和を背景に、いまや米国、日本に次ぐ世界第3位の規模に達している。日本や欧州におけるマイナス金利政策の導入等市場環境に不透明感があるなか、同国の債券市場は相応のインカムゲインが期待できる市場でもある。またSDR入りなど人民元の国際化が進展していることも、同国の債券市場が注目を集める1つの要因であろう。今後、その重要性が高まる方向にあることは疑いのないものと思われる。

　こうして中国債券市場の存在感が着実に高まるなか、中国人民銀行は中国本土の主要な債券市場である銀行間債券市場について対外開放の方針を打ち出している。本邦投資家の外債投資需要や本邦発行体のグローバルな資金調達ニーズが拡大しているなか、アジアの隣国におけるこうした取組みは日本の市場関係者にとっても注視すべきである。

　私どもみずほフィナンシャルグループでは、かねてより中国債券市場のポテンシャルをふまえて、同市場でのビジネス獲得に取り組んできた。一例をあげると、2010年には中国国家開発銀行の米ドル建て債券発行に際し、外資系金融機関として初の共同引受主幹事に就任した。2016年からは当局よりライセンスを獲得し、中国現地法人による政策性銀行債の引受業務を開始している。

　その一方、日本の債券市場の発展に深くかかわってきた経験を活かし、中国の債券市場の育成に貢献すべくさまざまな活動を行ってきた。中国の債券市場関係者への定期的な訪問や、中国の当局関係者の訪日等の機会を通じて、日本の債券市場育成の経緯や中国への示唆に関する説明や意見交換を行ってきた。中国におけるこれまでの法制度整備の進展等をふまえると、われわれが行った各種提言は、中国債券市場の発展にささやかではあるが寄与できたものと考えている。

本書は、こうした中国債券市場におけるビジネス獲得への取組みや債券市場関係者とのディスカッションなどを通じて得た知見等をふまえ、みずほフィナンシャルグループの関連部署が分担して執筆し、みずほ銀行証券部、みずほ証券グローバル戦略部、およびみずほ銀行（中国）資本市場部が取りまとめたものである。日本の市場関係者の中国債券市場における債券投資や債券発行における実務面の下支えとなれば幸いである。

　執筆にあたっては、読者の皆様のお役に立つよう可能な限り実務的な内容になるように心がけるとともに、構成のわかりやすさや、コラムによる旬なテーマの盛り込み、使い勝手を向上させる索引の充実、といった点についても意識した。その一方で、中国債券市場への取組みはまだまだ黎明期にあり、かつ当局による規制も目まぐるしく変化していることから、実際の投資・発行にあたっては最新の情報を確認していただく必要がある点も申し添えたい。内容の不十分な点についてはご寛恕いただくとともに、忌憚なきご意見、ご感想を頂戴したい。

　最後に、本書の刊行にあたり一般社団法人金融財政事情研究会出版部の谷川治生理事に大変お世話になった。この場を借りて厚く御礼申し上げたい。

2017年1月

みずほ銀行証券部長

大類　雄司

執筆者一覧

[編著者]
みずほフィナンシャルグループ

[執筆者]
みずほ銀行

証券部	横沢　泰志（総括）	
	小野　　潔（総括、第3章3、コラム3-1）	
グローバルマーケッツ業務部	平野奈津子（第2章4）	
国際為替部	濱　　宏章（第2章5）	

みずほ証券

グローバル戦略部　　　　　村松　　健（総括、第1章、第2章1～3、第3章
　　　　　　　　　　　　　　　　　　　1～2、コラム1-1～1-4、2-1、
　　　　　　　　　　　　　　　　　　　3-2～3-3）

アセットマネジメントOne

運用企画グループ　　　　　木澤　諒平（コラム2-2）

みずほ銀行（中国）

資本市場部　　　　　　　　段　　瑞旗（総括）
中国為替資金部　　　　　　許　　　萌（コラム2-3）

[執筆協力者]
みずほ証券
グローバル戦略部　　　　　毛　慶森、路　璐、劉　　暢
みずほ銀行（中国）
資本市場部　　　　　　　　筑木　隼人、戴　容娜
中国為替資金部　　　　　　成清由輝子、蒋　怡雯

目　次

第1章　中国債券市場の現状

1　概　　要 ………………………………………………………………… 2
　(1)　中国債券市場とは ………………………………………………… 2
　(2)　アジアのなかの中国債券市場 …………………………………… 3
　(3)　市場の規模 ………………………………………………………… 6
2　中国本土債券市場の概要 ……………………………………………… 8
　(1)　概　　要 …………………………………………………………… 8
　(2)　債券の種類 ………………………………………………………… 10
　(3)　発行残高推移 ……………………………………………………… 12
　(4)　社債発行概論 ……………………………………………………… 14
　(5)　多様な社債の商品性 ……………………………………………… 15
　(6)　新たな商品 ………………………………………………………… 18
　(7)　市場関係者 ………………………………………………………… 26
3　法　規　制 ……………………………………………………………… 30
　(1)　規制当局 …………………………………………………………… 30
　(2)　関係法令 …………………………………………………………… 34
4　発展経緯と政策動向 …………………………………………………… 35
　(1)　中国国債市場小史 ………………………………………………… 35
　(2)　政策動向全般 ……………………………………………………… 38
　(3)　中国債券市場をめぐる政策動向 ………………………………… 42
5　本邦投資家・企業にとっての意義 …………………………………… 49
　(1)　本邦投資家にとっての取組意義 ………………………………… 49
　(2)　本邦企業にとっての取組意義 …………………………………… 56
　　　◆コラム1-1　オフショア人民元建て債券 ……………………… 61

◆コラム1-2　人民元国際化 ·· 64
　◆コラム1-3　アジア債券市場育成への取組み ···················· 66
　◆コラム1-4　中国の政策性銀行 ··· 68

第2章　中国債券投資の実務

1　投資制度 ··· 72
　(1)　各投資制度の概観 ·· 72
　(2)　QFII制度 ··· 74
　(3)　三類機構 ·· 96
　(4)　RQFII制度 ·· 98
　(5)　滬港通 ·· 101
　(6)　現在の取組み ·· 107
　(7)　投資制度の比較 ·· 108
2　投資リスク ·· 110
　(1)　債券投資のリスク ··· 110
　(2)　中国本土の債券投資固有のリスク ·································· 111
　(3)　投資制度に係るリスク ·· 114
　(4)　その他のリスク ·· 115
　(5)　投資リスクをふまえて ·· 116
3　中国の証券決済制度 ·· 118
　(1)　中国の証券決済機関 ··· 119
　(2)　証券決済制度の日中比較 ·· 120
4　本邦投資家の投資実務 ··· 123
　(1)　中国債券市場の国外への開放について ··························· 124
　(2)　中国債券市場の国外からの参加資格 ······························ 124
　(3)　有資格者の制約条件について ··· 124
　(4)　取引にあたっての関係者 ·· 125

(5)　取引の準備 ………………………………………………… 127
　　(6)　取引執行方法 ……………………………………………… 129
　　(7)　債券投資にかかる諸費用 ………………………………… 131
　5　人民元の調達方法 …………………………………………… 133
　　(1)　2つの人民元市場 ………………………………………… 133
　　(2)　CNY市場 ………………………………………………… 135
　　(3)　CNH市場 ………………………………………………… 140
　　(4)　本邦投資家による人民元調達手法 ……………………… 145
　　　◆コラム2-1　人民元クリアリングバンク ………………… 154
　　　◆コラム2-2　中国関連ファンド …………………………… 157
　　　◆コラム2-3　中国本土での債券業務 ……………………… 160

第3章　債券発行の実務

　1　人民元調達手法の整理 ……………………………………… 172
　　(1)　概　　観 …………………………………………………… 172
　　(2)　間接調達 …………………………………………………… 172
　　(3)　直接調達 …………………………………………………… 175
　　(4)　人民元建て債券の種類 …………………………………… 177
　2　人民元建て債券発行事例 …………………………………… 183
　　(1)　オフショア人民元建て債券（点心債） ………………… 183
　　(2)　三菱商事によるCP発行 ………………………………… 185
　　(3)　3メガバンクによる金融債発行 ………………………… 186
　　(4)　ダイムラーのパンダ債発行 ……………………………… 186
　　(5)　オートローン会社によるABSの発行 ………………… 188
　3　東京市場の動向 ……………………………………………… 189
　　(1)　背　　景 …………………………………………………… 190
　　(2)　日中金融協力 ……………………………………………… 190

(3) 人民元国際化と「3点セット」導入の進展 ……………………… 192
(4) フジヤマ債の発行 ……………………………………………… 194
　◆コラム3-1　MTNの発行条件 ………………………………… 196
　◆コラム3-2　人民元国際化とパンダ債 ……………………… 198
　◆コラム3-3　人民元建て証券決済 …………………………… 200

略語一覧 …………………………………………………………… 202
事項索引 …………………………………………………………… 204

第 1 章

中国債券市場の現状

概　　要

　金融・資本市場のグローバル化が進展するなか、アジア地域、特に中国本土において債券市場が拡大している。中国の経済成長や中国当局の政策的な後押しもあり、2015年末の残高は 6 兆ドルを超え、米国、日本に次ぐ世界第 3 位の債券市場にまで急速に成長している。以下では、中国債券市場の現状につき説明したい。

(1)　中国債券市場とは

　中国債券市場を考えるうえでは、本土（オンショア）とオフショアの違いが重要であろう。本土の債券市場とは中国本土の債券市場であり、一方、オフショア債券市場とは中国本土外のオフショア人民元建て債券市場を指す（図表 1 - 1）。オフショア人民元建て債券（コラム 1 - 1 ）とは、中国本土外で発行される人民元建て債券であり、人民元国際化（コラム 1 - 2 ）が進展するなか、香港を中心に発行額が増加している。

　中国債券市場とは、基本的には中国本土の債券市場を指す概念である（狭義の中国債券市場）。一方、通貨や中資系企業の発行が多いことに着目し、オフショア人民元建て債券市場を加え、中国債券市場ととらえる向きもあるように思われる（広義の中国債券市場）。なお、中国本土の債券市場においては、

図表 1 - 1　中国債券市場の定義

	中国本土の債券市場 （狭義の中国債券市場）	オフショア人民元建て債券市場
市場	中国本土	オフショア
発行体	中資系企業中心	多様
通貨	人民元、米ドル　等	人民元

（出所）　筆者作成

米ドル等、人民元以外の通貨建ての発行も行われている。本稿においては、基本的には中国本土の債券市場を中国債券市場として取り扱うこととしたい。

(2) アジアのなかの中国債券市場

　中国、韓国および東南アジア諸国連合（ASEAN、Association of South-East Asian Nations）の債券市場は順調に拡大し、各国の現地通貨建て債券市場については、アジア開発銀行（ADB、Asian Development Bank）の統計によると、2015年末には残高9兆ドルを突破した。1995年との対比では約72倍の規模に到達しており、日本の債券市場の規模（9兆ドル弱）を初めて上回った（図表1－2）。

　アジア債券市場の拡大の背景には、各国経済の成長のみならず、アジア通貨危機の反省をふまえた各国当局主導のさまざまな取組みが存在する。具体的にはASEAN＋3（日本、中国、韓国）財務大臣会合の傘下に、アジア債

図表1－2　アジア債券市場の残高推移

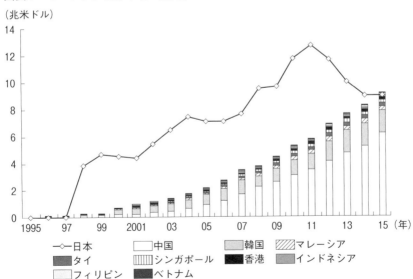

（出所）　Asian Bonds Onlineのデータより筆者作成

市場育成イニシアティブ（ABMI、Asian Bond Markets Initiative）が組成され、債券市場育成に向け、アジア・ボンド・オンライン（Asian Bonds Online）における情報発信や、域内企業の発行する社債に保証を行う信用保証・投資ファシリティ（CGIF、Credit Guarantee and Investment Facility）の設立などが行われている。アジア債券市場の拡大は、このような各国当局の取組み（コラム１－３）の成果ともいえよう。

一方、中国本土の債券市場の規模は、ADBによると2015年末には約6.2兆ドルまで拡大している。ASEANおよび中国、韓国の債券市場における中国のシェアは、2005年に韓国を逆転するとともに2015年末には68％となり、域内の債券市場において圧倒的な地位を占める状況にある（図表１－３）。中国における債券市場急拡大の背景には中国の経済成長に加えて、中国当局が債券市場育成を重視していることや、2007年および2009年に国債が大量発行された経緯も念頭に置く必要があろう。アジア債券市場の拡大は、中国に主導

図表１－３　アジア債券市場の国別シェア

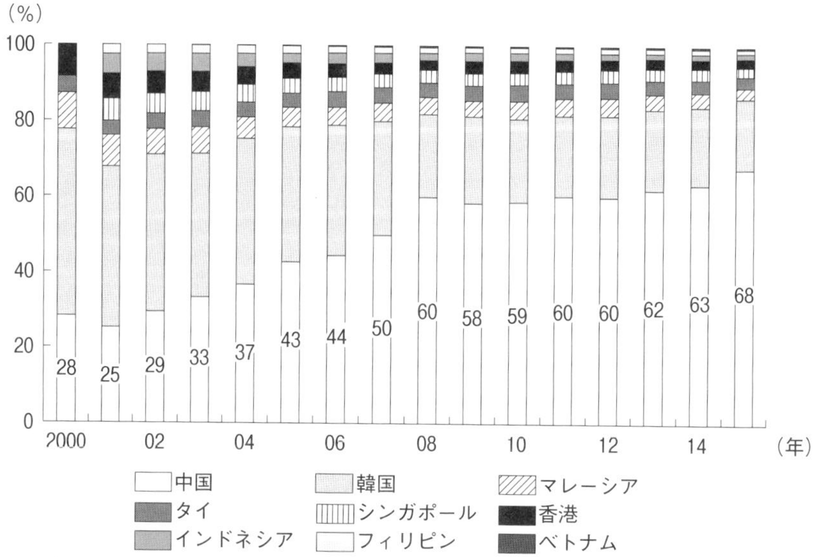

（出所）　Asian Bonds Onlineのデータより筆者作成

されたものといっても過言ではない状況となっている。

　もとよりアジア各国の経済規模が異なるなか、単純に債券市場の規模のみに立脚した議論は乱暴であり、ここでは、各国の経済規模、すなわち国内総生産（GDP、Gross Domestic Product）との比較を行いたい（図表1－4）。

　各国の債券市場は、インドネシアを除きGDP対比で増加基調が確認され、経済成長を上回るスピードで債券市場が拡大していることが確認できる。なお、インドネシアについても、債券市場自体は拡大しているものの、経済成長のスピードが債券市場の拡大を上回った結果といえよう。

　中国の債券市場については、2000年にはGDP対比で17％であったものの、2015年には59％にまで拡大している。この間、中国のGDPは約1兆ドルから約10兆ドルに到達しており、経済成長を上回る急激なスピードで債券市場が拡大していることがうかがえる。

　一方、中国の債券市場がGDPの59％程度にとどまっていることにも、留意が必要であろう。日本の債券市場はGDP対比220％に到達しており、また、韓国、マレーシアといった国々はGDP対比で100％を上回る、もしくは

図表1－4　アジア各国債券市場のGDP対比

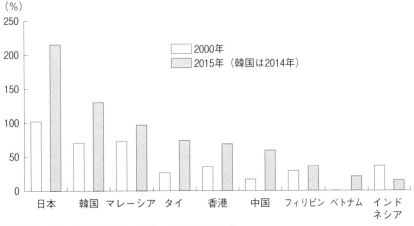

（出所）　Asian Bonds Onlineのデータより筆者作成

第1章　中国債券市場の現状

100％程度に到達した状況にある。各国経済が質的にも成長するなかで、先進国の状況等もふまえると、債券市場の規模がGDP対比で100％を上回ることは自然な姿と考えられる。中国の債券市場の規模は、まだGDPの59％にとどまっているが、金融・資本市場を含む質的な経済成長の結果、たとえば、現状の倍の100％まで拡大することも視野に入るものと思われる。

(3) 市場の規模

ADBの統計によると中国の債券市場は急激に拡大し、2015年末には残高は6.2兆ドルに到達した。2000年末には2,000億ドルの規模であり、15年間で約31倍まで拡大している（図表1－5）。一方、GDP対比では経済成長を上回る急スピードで債券市場が拡大していることが確認できる一方、2015年末の債券市場の規模は上述のとおりGDP対比59％にすぎず、まだまだ伸びしろのある状況といえよう。

債券市場の形成においては、国債が重要な役割を果たす。信用力の高い各

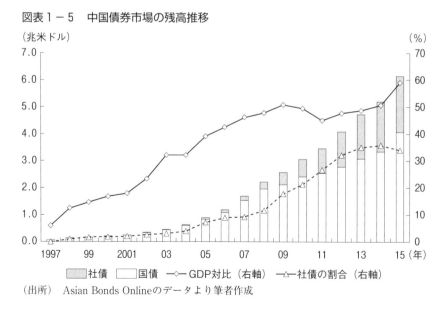

図表1－5　中国債券市場の残高推移

（出所）　Asian Bonds Onlineのデータより筆者作成

国政府による国債発行は、市場が未成熟ななか、投資家に健全な運用手段を提供することに資するものであり、また、市場インフラや流通市場の構築のみならず、国債を中心にイールドカーブが形成されることは、社債にとどまらない多様な金融商品の発展の土台としても重要と思われる。

　中国においても、債券市場の発展は国債主導となっている。一方、2000年代後半以降は社債の発行も拡大しており、2015年末における債券市場に占める社債の割合は約35％前後で推移している。日本における同様の割合が7％程度であることをふまえると、国債と社債がバランスよく発展している状況といえそうだ。

　次に、債券発行市場の状況を確認したい。中国における債券発行額は順調に増加し、2015年には6,434億ドルまで到達している（図表1－6）。

　ただし、発行市場の推移は、残高のような一本調子での拡大ではない。特に、2007年や2009年には国債の増発による発行市場のコブが存在する。背景としては、2007年には中国のソブリン・ウェルス・ファンドである中国投資

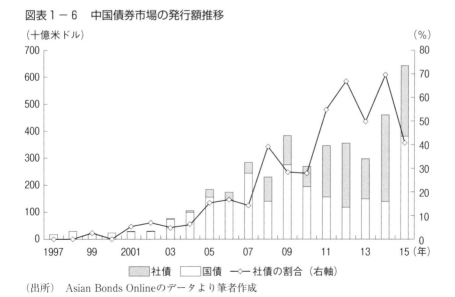

図表1－6　中国債券市場の発行額推移

（出所）　Asian Bonds Onlineのデータより筆者作成

有限責任公司（CIC、China Investment Corporation）の設立に伴う資金調達が行われたこと、2009年にはリーマン・ショック後の金融危機に対応した4兆元の経済対策の原資の調達が行われたことがあげられる。なお、2015年については、地方債を含む国債の発行が再び増加している。背景としては、中央政府が主導する地方政府の債務再編への取組みの帰結として、地方債の発行が増加したことがあげられる。

　国債と社債のバランスについては、2011年より社債が国債を上回る状況が続いており、債券市場の残高推移でも確認されたように、近年は特に社債市場が拡大している状況といえよう。

　中国経済の減速は、今後債券発行市場にさまざまな影響を与えることが想定される。経済対策の原資として、今後国債発行額が拡大する可能性が指摘されるとともに、社債に関しては、企業業績の悪化に伴うデフォルトの増加や投資家心理に与える影響などが、懸念されよう。

2　中国本土債券市場の概要

(1) 概　要

　中国の債券市場は主に2つに大別される（図表1－7）。具体的には銀行間債券市場と取引所市場である。なお、これらの2つの市場のほかに、銀行の店頭で個人向け国債が取引されている。銀行間債券市場は商業銀行を中心とした参加者により構成される市場であり、中国における債券発行額の87％を占めている（2015年）。また、取引所市場は原則的には株式を中心とする市場であるが、取引所に上場された債券などが取引されている。また参加者についても両者は異なる。

　取引の形態については、銀行間債券市場は店頭市場であり原則参加者間のシステムを介した取引であるのに対し、取引所市場は証券取引所を通じて行

図表1－7　債券市場の構成

	銀行間債券市場	取引所市場
2015年発行額	22兆元（87％）	2兆元（8％）
主な債券の種類	<u>非上場債券</u> 国債・地方債 金融債 社債（CP、MTN、企業債）	<u>主に上場債券</u> 国債 社債（企業債、公司債）
主な投資家	商業銀行、ファンド、保険会社	運用会社
取引の形態	店頭取引（システム経由）	取引所取引
所管当局	NAFMII（PBOC）	証券取引所（CSRC）

（出所）　筆者作成

われる。

　銀行間債券市場については取引ルールを所管する規制当局にも異なる銀行間債券市場については中国銀行間市場交易商協会（NAFMII、National Association of Financial Market Institutional Investors）であり、取引所市場については上海証券取引所や深圳証券取引所が所管する。なお、NAFMIIは銀行間債券市場の自主規制機関としての色彩を有する機関であるが、実質的には、中国の金融・資本市場全般を所管する中国人民銀行（PBOC、The People's Bank of China）の影響が強い組織である。また証券取引所については、中国における証券行政を所管する中国証券監督管理委員会（CSRC、China Securities Regulatory Commission）が監督を行っている。

　これら2つの市場は、概念的に分断された状況にあり、裁定取引等が行いにくいとの指摘もある。証券市場の統合は中国資本市場の課題となっている。

　銀行間債券市場の投資家は主として商業銀行であり、61％を占めている（図表1－8）。日本などの先進国では年金や保険会社など、長期の負債を有する機関投資家が債券市場の有力な投資家であるが一方、中国においては年金・保険制度が整備途上であり、機関投資家が未成熟な状況にあるなか、金

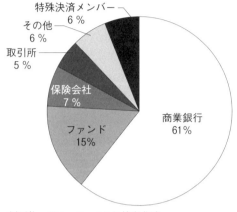

図表1-8 銀行間債券市場の投資家

(出所) China Bondより筆者作成

融システムの中核である商業銀行が債券の主要な投資家となっている。なお、投資信託などのファンドや保険会社も相応のシェアを有しており、また特殊決済メンバーと称される財政部、PBOC、政策性銀行の存在感も大きい。

(2) 債券の種類

　中国の債券市場においても、主として発行体の性質に応じ、公共債、金融債、社債といった多様な商品性が存在する（図表1-9）。大まかにいえば日本と類似した構造ではあるが、中国の債券市場は、発行体や市場などに応じ監督当局が分かれており、いわゆる縦割り行政を背景に、債券の商品性に応じて法規制が異なっていることが特徴といえよう。中国においても一般法として会社法や証券法が存在し、社債等に関する規定も存在しているが、より具体的な発行手続については、債券の商品性に応じ監督当局の制定する特別法（管理弁法）や自主ルールに規定されている。

　日本との違いとして留意すべきは金融債であろう。日本において金融債は法令により特別に認められた銀行が発行する債券を指すが、中国においては政策性銀行が発行する債券、および、銀行が発行する債券一般とともに、財

図表1−9 中国における主な債券の種類

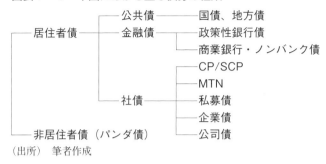

（出所） 筆者作成

務公司（企業集団ファイナンスカンパニー）、汽車金融公司（オートローン会社）、金融租賃公司（ファイナンスリース会社）などのノンバンクが発行する債券も金融債に含まれることとなる。これらのノンバンクは、銀行とともに中国銀行業監督管理委員会（CBRC、China Banking Regulatory Commission）が所管していることから、発行する社債についても金融債に分類されることとなる。なおリース会社に関しては、商務部が所管する融資租賃公司も存在するが、融資租賃公司の発行する社債は、所管当局の違いにより、金融債ではなく社債に分類される。

中国における政策性銀行としては、中国国家開発銀行（CDB、China Development Bank）、中国輸出入銀行および中国農業発展銀行の3行が存在する（コラム1−4）。各政策性銀行は、間接金融主体の中国の金融構造を背景に、産業金融やインフラ整備を中心とした長期資金ニーズに対応するために設立された政府系金融機関であり、預金ではなく債券発行を主要な資金調達手段とし、長期資金ニーズに対応することを可能としている。継続的な債券発行ニーズと、国家の信用力に起因する高い信用力を背景に、主要な発行体として、債券市場において高い位置づけを占めている。なお、CDB債については、出資構成の見直しに伴い財政部100％出資ではなくなったことから、現在は純粋な政策性銀行とはいえないものの、現地情勢をふまえ、本稿では政策性銀行債として取り扱うこととしたい。

商業銀行・ノンバンクの発行する債券は、各社のALM（資産・負債の総合管理）ニーズに基づく中長期の資金調達手段であり、日本においては銀行の発行する普通社債（銀行社債）に相当する商品である。なお、商業銀行に関しては、自己資本充実策の一環としての劣後債や混合資本債券（ハイブリッド債）の発行なども行われている。

　なお、パンダ債（熊猫債）は中国本土で非居住者が発行する人民元建て債券を指し、日本のサムライ債に相当する商品である。

(3)　発行残高推移

　中国本土の債券市場の発行残高は、2015年には約46兆元に到達した（図表1－10）。2000年の発行残高は約3兆元であり、15年間で約15倍に拡大して

図表1－10　債券種類ごとの発行残高の推移

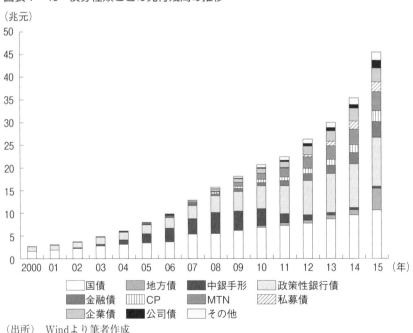

（出所）　Windより筆者作成

いる。

　中国本土債券市場における発行市場の拡大は、前述のとおり、中国当局の債券市場育成方針を背景とした商品性の多様化の影響が大きいものと思われる。中国当局は縦割りの行政組織を背景に、特に社債に関し競って新たな商品性に取り組んでいる状況にある。また、地方債発行の急拡大のように、中国経済が減速するなかで行われている構造改革を映じた動きもうかがえる。

　なお、2000年から直近においても、国債と政策性銀行債が発行市場に占めるウェイトは高く、中国政府と政策性銀行が中国本土債券市場の２大発行セクターといえよう。

　中国本土の債券発行市場を公共債（国債および地方債）と、金融債（政策性銀行債および商業銀行等の金融債）、社債に分類し、割合をみると、最近はそれぞれが約３分の１を占めておりバランスのよい状況となっている（図表１－11）。

図表１－11　債券種類ごとの発行額の推移（割合）

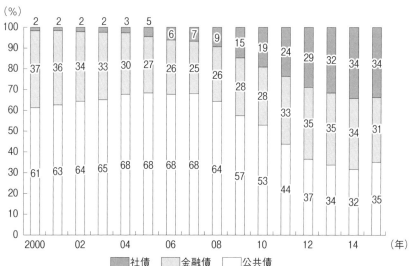

（出所）　Windより筆者作成

市場の成熟度が必ずしも高くない2000年頃においても、政策性銀行を中心とした金融債の発行が相応のウェイトを占めていたことが、中国本土の債券市場の特徴であろう。2000年代後半以降の趨勢においては、中国経済の発展や、中国当局の社債市場育成方針を映じ、社債市場が顕著に拡大し、2015年末には34％と金融債を上回る規模にまで成長している。

(4)　社債発行概論

　中国においては、だれもが自由に社債を発行できるわけではなく、社債の発行は、所轄する当局の認可もしくは登録を要することとなる。認可とは社債発行前に当局より発行についての承認を得ることであり、登録とは社債発行前に当局へ届出を行うことを意味する。なお、SCP、CP、MTN、私募債といった銀行間債券市場で発行される社債についてはNAFMIIが、公司債のように取引所市場で発行される社債についてはCSRCが認可および届出を所管している。なお企業債については、計画経済において、特殊な位置づけを占めていることをふまえ、国家発展改革委員会（NDRC、National Development and Reform Commission）が所管している。

　また、上述のとおり、中国の債券市場は規制当局に応じて銀行間債券市場と取引所市場に大別される状況であるが、規制当局および市場に応じて引受業者や証券決済機関も異なっている。具体的には、銀行間債券市場関連の商品については引受業者が商業銀行中心、かつ証券決済機関も上海清算所（SCH、Shanghai Clearing House）が中心であり、一方、取引所市場に関しては引受業者が証券会社中心で、証券決済機関も中央国債登記結算有限責任公司（CCDC、China Central Depository & Clearing）や中国証券登記結算有限責任公司（CSDC、China Securities Depository and Clearing）が用いられる。

　なお、中国においては転換社債や資産担保証券（ABS、Asset Back Securities）、中小企業向けの商品性（中小企業集合票据、区域集優中小企業票据、中小企業集合債券）等も存在している。

(5) 多様な社債の商品性

特に社債については多様な商品性が存在する（図表1-12）。発行体ごとにさまざまな規制当局が所管しており、それに応じ、市場や、引受業者、証券決済機関が異なっている。ここでは、主要な商品性に関し説明したい。

a　CP・MTN等

CPおよびMTNは、それぞれ日本におけるCPおよび社債に相当する商品である。日本では、CPは短期無担保の約束手形（手形CP）からスタートし、一般的な社債とは別個に取り扱われてきた歴史的経緯があるが、中国においては、法制度上、CPとMTNは期間の異なる同種の商品性として一体で取り

図表1-12　中国における社債の商品性概要

	SCP	CP	MTN	私募債	企業債	公司債
発行開始	2010.12	2005.5	2008.4	2011.5	1985	2007
発行体	非金融企業					
期間	270日以内	1年以内	2年以上	—	—	1年超
発行額	1兆元	1兆元	4兆元	2兆元	3兆元	2兆元
発行認可	登録制				認可制（私募公司債は届出制）	
所管当局	NAFMII				NDRC	CSRC（注）
市場	銀行間債券市場				銀行間債券市場／取引所市場	
引受業者	商業銀行が中心				証券会社が中心	
証券決済機関	上海清算所				中央国債登記	中国証券登記

（注）　私募の場合は中国証券業協会への届出。
（出所）　NAFMII、NDRC、CSRC等より筆者作成

扱われる場合が多い。なお、MTN（中国語では中期票据）は、文字どおりMedium Term Noteであり中期の社債1本1本を指す概念である。ユーロ市場など一般的な資本市場において、MTNは発行枠を指す概念であるが、中国の社債市場では若干異なっている。また、公司債（日本語では会社債）も社債ではあるが、所轄官庁の違いにより、別の商品性となっている。

CP・MTNは銀行間債券市場における発行・流通を前提とした商品である。相対的に簡便な発行手続（登録制）を背景に発行額は急速に拡大しており、中国社債市場の中核ともいえよう。期間については、CPは1年以内、MTNは2年以上（整数年）となる。なお、2010年12月には、CPの既発企業による活用を前提に、情報開示の簡素化と期間の短縮（270日以内）を図ったSCP（超短期融資券）と呼ばれる新たな商品性も導入されている。SCPはNAFMIIに対する事後登録（備案制）による発行が可能であり、優良企業の機動的な資金調達手法として期待されている。

なお、日系企業としては、三菱商事株式会社の中国現地法人が2012年にCPを発行し、その後も継続的な発行を行っている。

また、私募債といった商品性も存在するが、中国においては、日本のように開示（ディスクロージャー）の有無で明確に公募・私募が分けられているわけではなく、私募債においても開示が行われるケースも存在する。

b　企　業　債

企業債は、特段法令の定めがないなか、1980年代前半に一部企業により従業員向けに発行された社債を嚆矢とし、1985年に瀋陽房地地産開発公司が発行した5年債が第一号といわれている。その後、1987年には国務院より『国家重点建設債と重点企業債の発行に関する通知』、また1989年には同じく国務院より『企業内部債券管理強化に関する通知』およびPBOCと国家計画委員会（NDRCの前身）より『企業債発行実行限度額申請、承認方法に関する通知』、1993年には『企業債券管理条例』が制定され、企業債に関する関連法規制の整備が進展し、企業一般を対象とする公司債に比べ、中国の経済運

営において重要な企業が活用する枠組みとして整理されることとなった。

なお、1990年代末には地方において企業債のデフォルトが多発することとなり、1999年には企業債の発行認可がNDRCに集約された。また、発行額の制限や、発行体の所管官庁等による保証・代位返済といった仕組みが用いられていた経緯がある。企業債は中国における計画経済の色彩を色濃く残す枠組みといえよう。

2000年代後半以降、CP・MTN、公司債といった新たな商品が導入されたことに伴い、NDRCは2008年に『企業債券市場発展及び発行認可手続きの簡素化を推進することに関する通知』を公布し、手続の簡素化や地方政府への権限移譲、資金使途の拡大といった企業債の商品性向上への手立てを講じている。なお、企業債発行についてはNDRCが所管しているが、現在は債券市場全般の規制との平仄との観点から、PBOCとCSRCも関与する仕組みとなっていることも留意すべきであろう。実際、企業債に関しては、銀行間債券市場と取引所市場の双方で取引される商品となっていることも特徴である。

c 公 司 債

公司債は中国の上場企業が発行するものであり、1993年に制定された『公司法』および1998年に制定された証券法においても存在する概念である。『公司法』において社債（公司債）の概念が存在することは、日本の法制度との類似性が認められる。

具体的な公司債発行に関しては、2007年のCSRCによる『公司債発行試験弁法』において明確化され、同年上海証券取引所が公表した『公司債券の発行、上場、取引に関する通知』に基づき、長江電力が公司債第一号を発行している。

公司債はCSRCが所管する枠組みであり、株式と同様、原則上海および深圳の取引所市場において上場されたうえで取引が行われる商品である。また、証券会社のみが引受可能である。

(6) 新たな商品

　中国においては近年、地方債や、資産担保証券、パンダ債（熊猫債）といった新たな商品性への取組みが顕著となっている。以下では、これらの商品の現状について説明する。

a　地　方　債

　中国の地方政府は、1980年代よりインフラ整備などを主眼に地方債を発行していた。一方、1994年には『中華人民共和国予算法』が成立し、各地方政府は収支均衡が求められることとなり、地方債の発行は禁止されたが、2009年以降、漸次規制緩和が進展し、地方債の発行も再開されている。

　地方債発行再開の背景には、リーマン・ショック後に中国で行われた4兆元の景気対策の影響が指摘される。このような景気対策は、公共工事を介し地方政府を主体として行われるものであるが、中国の税制は税収が中央政府に偏在する構造を有しており、地方政府は財源が乏しい状況である。中国においては中央と地方、および地方間の公平性を担保するため、「分税制」という再配分の仕組みが存在しているが、本景気対策への対応の財源については、中央政府の対応ですべてがまかなえるものではなく、かつ、日本の固定資産税に相当する税制が存在しないことから、中国の地方政府は対応に苦慮し、土地利用権の譲渡を活用し、景気対策の資金をねん出することとなった。「地方政府融資平台公司」（融資プラットフォーム）と呼ばれる規制回避的ファイナンス・スキームの利用拡大は、このような経緯によるものである。

　中国における地方債は、上記のような地方政府をめぐる環境をふまえ、地方政府の健全なファイナンス手段の構築との観点から、漸次規制緩和が進められている。

　中国財政部は、2009年に財政部による代理発行形式による地方債発行を認め、かつ、2011年からは一部の地方政府（上海市、浙江省、広東省、深圳市、

2013年より江蘇省と山東省を追加）に対し、自ら地方債を発行することを容認した。ただし、これらの地方債の元利払いは財政部を介することとなっており、財政部による立替えや流動性補完が前提となっているものであった。

一方、中国当局は2014年5月9日に『資本市場の健全な発展の更なる促進に関する国務院の若干の意見』を発表し、そのなかで、地方債の発行制度の整備を標榜することとなった。なお上記意見は、中国における資本市場発展の契機となった、2004年発表の『資本市場の改革開放と安定的発展の推進に関する国務院の若干の意見』（中国名『国九条』）との対比で『新国九条』とも呼ばれる。

具体的には、中国財政部は同年5月21日に『2014年地方債の自主発行・自主償還に関する試験弁法』を発表し、財政部が関与しない地方政府の信用力に依拠した新たな地方債の発行に踏み切ることとなった。なお、このような枠組みはあくまでテストとして位置づけられるものであり、一部の地方政府（上述6地方政府に加え、北京市、青島市、寧夏回族自治区、江西省）のみに認められた。

新たな地方債の枠組みにおいては、中国国務院の認可する年間発行総額の範囲で地方債を発行することが可能である一方で、信用格付の取得や情報開示（財政・経済運営や債務の状況）が求められている。

加えて、中国国務院は同年10月3日に『地方政府債務の管理強化に関する意見』を発表している。ここでは、上記試験弁法にて定められた方向性が明確化されるとともに、中央政府が地方政府の債務の償還責任を有していないことが明確化されていることは、特筆すべきであろう。逆にいえば、地方政府は国務院の認可の範囲であれば地方債を自由に発行することが可能となっており、「市場の役割」を重視する中国当局の意向が、地方政府の資金調達手法においても明確となった。中国当局が地方債発行の枠組み整備を急ぐ背景としては、中国経済が減速し、リーマン・ショック時の4兆元の財政出動の結果、地方政府債務の膨張が課題として意識されていたことが指摘される。つまり中国当局は、融資プラットフォーム等の地方政府関連の簿外債務

を地方債へと置き換えることで、地方政府の資金調達の安定性を高め、金利の引下げ等の効率化を図ろうとしたといえよう。

2009年に地方債の発行を開始して以降、地方債の発行額は拡大傾向にあったが、2015年には規制緩和を映じ、発行残高は約5兆元と急拡大することとなった（図表1－13）。背景としては上述のとおり、前年に地方債の発行に関し中国当局の意向が明確化されたことや、地方政府の債務効率化の観点より、過去の融資プラットフォームを用いた資金調達のリファイナンスにおける地方債の活用を認めたこと、また、PBOCの流動性供与に応じて担保として地方債を用いることが認められたことで主たる投資家となる商業銀行の保有が取り組みやすくなったことなど、制度的な後押しがあったことが指摘される。

地方自治体は各国債券市場において重要な発行セクターとして位置づけられており、中国における債券市場形成において、地方債の発行拡大は歓迎すべき動きといえよう。

日本の地方債制度は、地方財政計画を通じて最終的に国から交付する地方交付税の所要金額を確保することで、地方債の償還財源につきマクロベースでの保証がなされる構造となっている。中国においては上記のとおり中央政

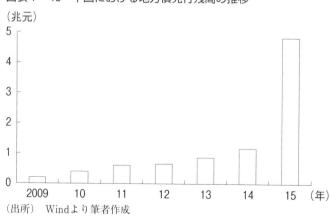

図表1－13　中国における地方債発行残高の推移

（出所）　Windより筆者作成

府と地方政府の税収の不均衡と、分税制を介した税収の再分配のプロセスが存在しており、日本と同様に中央政府と地方政府が一体性を有する地方財政制度を構築してきたのが、これまでの経緯であった。

　一方、新たな中国の地方債制度は、過度な地方債発行を制約する仕組み（国務院の認可、リスク管理・応急処置メカニズム）こそ内在しているものの、今般の地方債発行における「自主発行・自主償還」との方針は、米国型の、より地方分権色の強い地方財政制度へと舵を切ったものと評価できよう。中国の国土の広さ・多様さや膨大な人口をふまえると、地方分権を重視することは、合理的な選択肢と思われる。ただし、デトロイト市に代表されるように、米国の地方財政制度においては地方自治体の破綻が発生しうる。中国の地方債制度はまだ形成過程であり、かつ、そもそも、米国型の地方分権を実現するためには、中央政府と地方政府の税源配分の見直しや、固定資産税の取扱いといった税制改革が前提となるように思われる。

b　ABS

　ABSについては、中国ではすでに2005年頃より取組みがみられ、中国国家開発銀行による貸出債権の証券化（CLO、Collateralized Loan Obligation）、中国建設銀行による住宅ローン債権証券化（RMBS、Residential Mortgage-Backed Securities）や、上通用汽車金融有限責任公司のオートローン債権の証券化への取組み等が行われていた。一方、サブプライム危機やリーマン・ショック以降は、当局の指導もあり、新規発行がストップしていた経緯がある。

　このようななか、2012年5月には、PBOC、CBRC、財政部の連名で『貸出資産証券化に係る試行計画を拡大するための通知』が発出され、証券化が再開されることとなり、近年、銀行によるCLOやオートローン会社（自動車販売金融会社）によるオートローン債権の証券化といったABSの発行が行われ始めている。

　最近の注目点としては、オートローン会社によるABSの発行があげられ

る。中国は世界最大の自動車市場である。海外の自動車会社は、中国現地法人であるオートローン会社を活用した自動車販売に注力しており、オートローン会社の資金需要はきわめて旺盛である。一方、オートローン会社の監督を行うCBRCは、オートローン会社が海外から資金供給を受けることを禁止している。オートローン会社の親会社は海外の有力自動車メーカーであり、その調達力は相応に高いものと想定されるが、CBRCの上記指導もあり、各オートローン会社は中国本土での自力調達を余儀なくされている状況である。

　このような環境下、中国当局はオートローン会社にABSの発行を認可し、2014年5月以降、複数のオートローン会社がABSを発行している。「飯のタネ」である資金調達に腐心しているオートローン会社にとって、ABSのような直接調達手法の解禁は福音ともいえるものであり、認可制から登録（届出）制への規制緩和が2014年11月に行われたこともあり、発行残高が急増している（図表1-14、1-15）。

　中国における証券化の再開は、中国当局の金融構造の変革への取組みに即

図表1-14　中国におけるABS発行残高

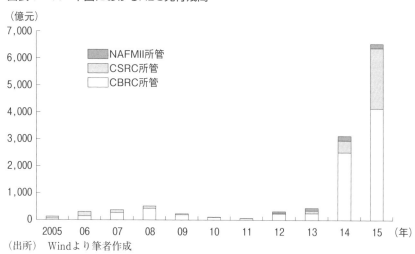

（出所）　Windより筆者作成

したものと評価できそうだ。中国当局は間接金融中心の金融構造に問題意識を有しており、債券市場の育成を重視している。中国当局は、間接金融の延長線上にABSを位置づけ、融資と債券のバランスがとれた市場構造構築を目指しているものと考えられる。

　日本においても過去には中国と同様の間接金融中心の金融構造をふまえ、金融構造変革の糸口として証券化が期待された時期があった。自己資本比率規制の導入等も背景に、1990年前後に金融制度調査会や証券取引審議会において、「市場型間接金融」との枠組みのなかで、ABS等の証券化の活用につき議論が行われた。日本においては、上記議論をふまえ証券化に係る法制度整備も進展し、オフバランスでの資金調達ニーズを有するノンバンク、および自己資本比率規制を背景にオフバランス・ニーズを有する金融機関で活用されることとなった。一方、金融機関のオフバランス・ニーズの減退やサブプライム危機およびリーマン・ショック以降の証券化悪玉論のなかで、近年の発行市場はやや停滞している状況かと思われる。以上のような日本の経験

図表1－15　中国における主なABS発行実績

オリジネーター	発行額	発行時期	裏付資産	FA
中国国家開発銀行	計93億元 （5トランシェ）	2012. 9. 7	貸付債権	—
上通用汽車金融 （GMAC）	計19億元 （2トランシェ）	2012.10.25	オートローン債権	上海汽車集団 中信証券
豊田汽車金融 （TOYOTA）	計7億元 （2トランシェ）	2014. 5 .23	オートローン債権	BTMU（中国） みずほ（中国） SMBC（中国）
東風日産汽車金融 （NISSAN）	7億元	2014. 6. 6	オートローン債権	みずほ（中国）
中国郵政貯蓄銀行	計65億元 （2トランシェ）	2014. 7 .22	住宅ローン債権	—
交銀金融租賃	計9億元 （2トランシェ）	2014. 9 .16	リース料債権	—

（出所）　報道等より筆者作成

をふまえると、中国の証券化市場形成においては、金融規制との調和が求められることが指摘されよう。

なお、中国のABSの特徴としては、所轄官庁に応じ、①主として銀行、オートローン会社をオリジネーターとするCBRCの規定する商品性と、②主として証券会社を中心的な担い手とするCSRC系の商品性と、大きく2つのパターンが存在していることがあげられる。両者には信託機能の活用などにおいて相違点があり、今後、分別管理の実効性等、アセット・ファイナンスとしてのABSの本質に立ち返った機能の整理が求められるように思われる。

c　パンダ債

パンダ債は中国本土の債券市場で非居住者が発行する人民元建て債券であり、日本ではサムライ債に相当する商品性である。2005年以降、国際金融公社やADBといった国際金融機関で発行実績があり、事業会社としては、2014年にドイツのダイムラーが第一号を発行している。なお、足元、中国当局のパンダ債への取組みが加速している。昨年9月には香港上海銀行（HSBC、The Hongkong and Shanghai Banking Corporation）と中国銀行（BOC、Bank of China）香港現地法人がパンダ債を発行し、その後韓国政府やカナダのブリティッシュ・コロンビア州もパンダ債を発行している（図表1－16）。

中国当局はパンダ債を、人民元国際化を内外に示す重要な取組みと考えているようだ。特に2015年9月、人民元の国際通貨基金（IMF、International Monetary Fund）の特別引出権（SDR、Special Drawing Rights）入りの議論のさなか、HSBCとBOCがパンダ債を発行したことは、SDR入りの前提となる「取引の自由度」を示すための措置として位置づけられよう。

なお、中長期的にはオフショア人民元建て債券（コラム1-1）との関係もポイントとなろう。オフショア人民元建て債券市場は、中国の資本規制を背景に、非居住者による人民元調達の場として機能してきた経緯がある。香港を中心としたオフショア人民元建て債券の拡大期（2011～2014年）において

図表1－16　主なパンダ債の発行実績

	発行額 (億元)	条件決定日	期間 (年)	利率 (％)
国際金融公社	11.3	2005.10.10	10	3.40
アジア開発銀行	10	2005.10.13	10	3.34
ダイムラー	5	2014.3.14	1	5.20
香港上海銀行	10	2015.9.29	3	3.50
中国銀行（香港現地法人）	10	2015.9.29	3	3.50
韓国	30	2015.12.15	3	3.00
ブリティッシュ・コロンビア州 （カナダ）	30	2016.1.16	3	2.95

（出所）　報道等より筆者作成

　は、人民元高を期待する投資家資金の流入を背景に、非居住者はオフショア人民元建て債券を発行し発行代り金をドル等と交換することで、相対的に有利な調達コストを享受可能であった。一方、2015年以降は人民元が対ドルで元安となったことや、人民元国際化を背景に中国本土とオフショア市場の金利差が縮小したことを受け、オフショア人民元建て債券の発行額は減少することとなった。

　上述のとおり、オフショア人民元建て債券の発行は、現在非居住者の人民元調達において、一定の地位を占めている。一方、人民元国際化の進展も背景に、今後もパンダ債発行に関する規制緩和と市場拡大は着実に進展することが予想される。オフショア人民元建て債券市場の調達金利面等での優位性は、人民元国際化の帰結として失われつつあり、一方、中国本土の債券市場が潤沢な人民元の流動性を背景に順調に拡大する可能性が高いことをふまえると、将来的には非居住者のオフショア人民元建て債券発行がパンダ債へと置き換わる蓋然性は相応にあるように思われる。

　なお今後、人民元は国際通貨としてグローバルな運用・調達手段として用

いられる場面も増加することが想定される。中国においても、産業構造改革のなかで金融等のサービス業への取組みが重要となるが、パンダ債がオフショア人民元建て債券との競争に勝利することは、中国における金融ビジネスの拡大との観点からも、意義があるように思われる。

(7) 市場関係者

　債券の発行は金融取引の一環として行われるものであり、中国においてもさまざまな市場関係者が関与することとなる。日本との比較をふまえ、概要を説明したい（図表1－17）。

　一般的に債券発行においては、①発行体が債券を発行し、②引受業者が引受（underwrite）を行うとともに投資家へ販売し、③投資家が取得（subscription）する、といった流れが想定される。このようなプロセスをふまえ、発行代り金が投資家から発行体へ支払われることとなる。

　また、これらに加え、格付機関や証券決済機関、受託会社といったさまざまな主体も関与する。格付機関は発行される債券に格付を与えることで、投資家に対し投資の参考情報を与える存在であり、証券決済機関は、債券の投資家を管理することで投資家の権利保護と流通市場の安全性を担保する存在である。なお受託会社の機能については各国によりまちまちであるが、日本

図表1－17　市場関係者の概要

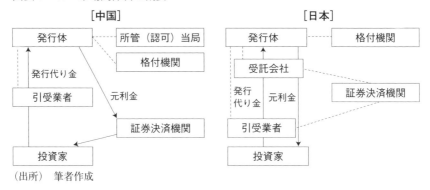

（出所）　筆者作成

においては、銀行が受託会社として投資家保護機能を果たすとともに、社債発行時および元利払いにおける発行体のエージェントとしての機能も果たしている。なお、欧米においても、トラスティやペイイング・エージェントといった同種の機能が存在する。

　上記のような基本的なプロセスについては、中国においても同様だが、いくつかの違いが存在する。

　まず、引受業者については、日本においては、銀行が社債の引受を行うことはできない。一方、中国の主要な債券市場である銀行間債券市場においては、引受業者はむしろ商業銀行が中心であり、日本とは役割分担が異なる状況である（ユニバーサル・バンキング）。一方、株式や公司債など、取引所市場で取引が行われる商品については商業銀行が引受業者として参加することはできない（銀証分離）。中国においては、市場に応じ、引受業務のメインプレーヤーが異なる構造となっていることには留意が必要であろう。

　なお、投資家については、中国においては銀行がたとえば国債に関しては72％と投資家として大きなウェイトを占めている状況にある（図表1－18）。日本においては銀行と並び、機関投資家の存在感も高いことが特徴といえよ

図表1－18　国債の投資家

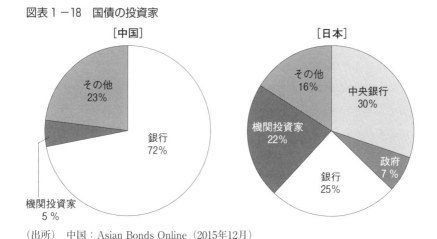

（出所）　中国：Asian Bonds Online（2015年12月）
　　　　　日本：Asian Bonds Online（2015年9月）より筆者作成

う。なお、日本では金融政策を背景に現在、中央銀行の国債保有が拡大しているが、中国においては、そのような状況には至っていない。

また、先進国においては一般的に債券の発行に際し当局の認可を要するケースはあまりないように思われる。一方、中国においては発行前に所管する当局に対し認可もしくは登録を求めることを要することとなる。なお近年は規制緩和により、届出制を導入するケースも増えてきているものの、引き続き実態としては当局の裁量の余地を残す状況にある。

また、投資家保護機能やペイイング・エージェントなどの発行体の事務代行業務に関しては、日本においては銀行が受託会社としてそのような機能を果たしているが、中国の債券市場においては、投資家保護機能が明確化されていない状況にあり、また、資金のやりとりについても証券決済機関が関与し、独立したエージェントは特段設けられていない。背景としては、中国の主要な債券市場である銀行間債券市場が商業銀行を中心としたプロ向け市場であり、投資家保護やエージェントサービスの必要性に乏しかったことがあげられる。また、そもそも市場自体が成長過程にあり、市場の規模や金融ビジネスの成熟度といった観点をふまえても、金融機能のアンバンドリングには至らなかった状況と思われる。一方最近では、中国の債券市場でもデフォルトが発生しており、かつ、中国の債券市場が世界第3位にまで成長するなか、今後、中国においても投資家保護やエージェントといった機能の確立が求められることが予想される。

なお、格付機関については、中国においても信用格付業者制度が存在し、中国本土で発行される債券については、中国国内の格付会社から格付を取得する必要がある（図表1-19）。これらの格付会社は、監督当局ごとに認可を受ける態勢となっており、市場・投資家ごとに適格格付機関が異なることは留意が必要である。具体的には、縦割りの行政を背景に、市場・投資家・商品といった多様な切り口に応じ、利用可能な格付機関が異なる。

また、中国の格付機関はその設立において外資大手との出資・提携関係にあるものも存在し、基本的な格付ロジックについては、ほぼ国際的な格付の

図表1−19　中国の格付機関

	設立	出資者等	本社	PBOC	NDRC	CSRC	CIRC（注）
中誠信國際	1992年	Moody's49%（2006年〜）	北京	○	○		○
中誠信証券	1997年	—	北京			○	
聯合資信	1995年	前身は福建省信用評級委員会 Fitch49%出資（2007年〜）	北京	○	○		○
聯合信用	2002年	前身は天津中誠資信評估	北京			○	
大公国際	1994年	格付投資情報センター、韓国信用情報と提携	上海	○	○		○
新世紀	1992年	S&Pと提携	上海	○	○		
鵬元資信	1993年	前身は深圳市資信評估	深圳		○		
東方金誠	2008年	前身は金誠国際信用格付会社	北京	○	○		○

（注）　CIRC：中国保険監督管理委員会、China Insurance Regulatory Commission
（出所）　筆者作成

考え方が採用されている。一方、あくまでも中国国債を頂点とした国内格付であり、国際的な格付機関の格付とは結果が異なる場合もある。中国本土における外資系企業の債券発行時の格付などを確認すると、グローバルな格付機関との対比では、中国の格付会社の中国国内での格付は相対的に高い水準となるようだ。

　世界的に格付機関に関しては、リーマン・ショック以降、各国当局の規制が強化されている状況にある。また、新興国においては、欧米有力格付機関のグローバルな格付体系を受け入れがたい側面もあるものと思われる。中国においても今後格付に関する考え方が、変化する可能性もあるように考えられる。

3 法規制

(1) 規制当局

 ここでは、中国債券市場に係る主要な規制当局につき、債券市場とのかかわりや、日本との違い等を中心にその概要を説明する。

a 中国人民銀行(PBOC)

 PBOCは中国の中央銀行であり、発券銀行としての機能も果たしている。1948年12月1日に設立され、設立当初は一般の銀行と同様に預金や貸出業務を行ってきたが、1983年には国務院の決定により設立された中国工商銀行(ICBC、Industrial and Commercial Bank of China)がPBOCの一般の銀行業務を承継し、PBOCは中央銀行業務に特化することとなった。また、1995年の『中華人民共和国中国人民銀行法』において、金融政策の制定と実施および通貨価値の安定維持との目的が明確化され、かつ、金融システムの維持のため金融機関の監督を行うこととなったが、2003年には機構改革によりCBRC(中国銀行業監督管理委員会)が設立され、銀行等への監督管理機能は移管されることとなった。

 PBOCは中央銀行として多岐にわたる職能を有しているが、債券市場との関係で重要となるのは、金融市場に関する監督管理を行う金融市場司の機能であろう。金融市場司は日本銀行における金融市場局に相当する組織であり、金融市場の動向分析や、銀行間債券市場、金市場などの監督管理を行っており、債券発行・流通市場を監督している。なお、2007年に銀行間市場の自主規制機関としてPBOCの管轄下にNAFMIIが設立された後は、具体的な監督活動は、PBOCとも連携しつつ、NAFMIIが行っている。

 PBOCはいわゆる中央銀行ではあるが、金融機関の監督管理を行ってきた経緯や、人民元国際化の推進役としての役割期待を有しており、先進国の中

央銀行と比べ、特に金融ビジネスにおける影響力が大きいことが特徴であろう。

b 中国銀行間市場交易商協会（NAFMII）

NAFMIIは、銀行間市場（インターバンク市場）の自主規制機関であり、自主規制とともに市場の革新やサービス強化への取組みも行うものと定められている。日本における日本証券業協会に相当する組織である。一方、日本証券業協会は、金融商品取引法に定める認可金融商品取引業協会として、法制度上の位置づけは明確であるが、中国においては金融商品取引法に相当するような包括的な市場法制は存在しておらず、日本証券業協会とは性質が若干異なっている。なお、NAFMIIはPBOCの管轄下にあり、民間主導の自主規制機関というよりは、PBOCとの一体性が強いことが特徴といえよう。

NAFMIIは銀行間債券市場における各種認可やライセンスの付与を担当する機関である。中国の主要な債券市場である銀行間債券市場において債券を発行する際は、原則NAFMIIの認可を要することとなる。また、銀行間債券市場における債券引受業務（underwrite）を行う場合、NAFMIIよりライセンスの付与を受ける必要がある。

c 中国証券監督管理委員会（CSRC）

CSRCは中国における証券業全般に関する監督管理機関であり、1992年に設立された。日本においては、証券取引等監視委員会に相当する組織ではあるが、それに加え、金融庁における制度の企画立案機能や証券会社の監督機能も有している。1997年には、従来は地方政府の管理下にあった上海証券取引所および深圳証券取引所がCSRCの監督下とされ、1997年以降は証券会社の監督も行っている。

CSRCは取引所の監督を行っており、債券に関しても取引所市場はCSRCの監督下にある。銀行間債券市場におけるNAFMIIと同様、取引所市場において債券を発行する際や、取引所市場において債券引受業務を行う場合は、

CSRCの認可が必要となる。上海および深圳の証券取引所は、CSRCと連携し、取引所市場における上場ルールを含む各種規制を管理している。取引所市場における債券発行は、取引所への上場が前提となるが、そのような意味では、各取引所も債券市場の監督管理において、一定の役割を果たしている。

なお、中国では為替・資本規制が存在しており、海外からの中国本土資本市場への投資や、中国からの海外資本市場への投資においては、適格外国機関投資家制度（QFII、Qualified Foreign Institutional Investor）などの各種投資制度が設けられており、CSRCではこれらの投資制度の管理を行うとともに、投資枠の付与権限も有している。海外の投資家が中国本土の債券市場で投資を行うためには、CSRCの認可を要することとなる。

d 国家発展改革委員会（NDRC）

NDRCは1952年に設立された国家計画委員会を前身とし、中国における計画経済体制における経済政策全般を担う当局として、中国において重きをなしてきた経緯がある。金融ビジネスとは一定の距離感を有する組織ではあるが、債券市場とのかかわりにおいては、計画経済下の枠組みである企業債の発行認可当局としての役割を有している。

e 国家外貨管理局（SAFE）

国家外貨管理局（SAFE、State Administration of Foreign Exchange）は1979年に設立された機関であり、PBOCの管轄下にあり、PBOCの副総裁が局長を兼任している。中国において為替・資本規制が存在するなか、外貨管理を分掌しており、特に外貨準備の運用が重要な役割となっている。日本においては、単純比較はできないものの、財務省国際局および日本銀行国際局に相当する機関である。

なお、SAFEは外貨管理との観点から、CSRCの管理する各種投資制度に関与している。具体的には、海外の投資家が中国本土の債券市場で投資を行

うためには、CSRCの認可に加え、SAFEより投資枠の付与を受ける必要がある。

f　その他

その他、債券市場に関係する中国当局としては、財政部（MOF、Ministry of Finance）、CBRCおよび中国保険監督管理委員会（CIRC）があげられる。

MOFは日本の財務省に相当する組織であり、財政を担当しており、主として国債の発行主体との立場で、債券市場とのかかわりを有しており、かつ、証券決済との観点からCCDCとの関係も深い。なお、MOFは、中国における会計や監査といった債券市場と密接に関連する法制度を所管していることも重要と思われる。

なお、国有銀行をはじめ、中国の大手国有企業の多くはMOFが出資者となるケースが大宗であり、債券市場の発行体、仲介業者の多くはMOFの出資する大手国有企業であることにも留意すべきであろう。

CBRCは中国における銀行業全般の監督管理機関であり、2003年より業務を開始している。通常の商業銀行に加え信託会社や一部ノンバンクも所管しており、比較的広範な範囲をカバーしている。債券市場とのかかわりにおいては、CBRC所管の金融機関の発行する債券は金融債に分類され、中国の債券市場において重要なカテゴリーを形成するとともに、規制面でも独自性を有していることが重要であろう。

なお、上海清算所、CCDCおよびCSDCといった証券決済機関も、中国の規制当局と一体性を有する組織ではあるが、別途第2章3で説明する。

g　金融監督一元化の動向

中国においては、「一行三会」（PBOC、CBRC、CSRC、CIRC）といわれる金融規制当局ごとの縦割りの態勢や、そのことに起因し市場が銀行間債券市場と取引所市場に分断されていることが問題視されてきた経緯がある。市場が成長するなかでは、縦割り行政は当局間での競争を介し法制度整備のイン

センティブとして機能するが、市場や金融ビジネスの発展により市場・商品横断的な金融取引ニーズが高まっており、取引の効率性を高める簡便かつ一元的な規制態勢が望まれる。

　中国においては、2012年4月にPBOC、NDRC、CSRCが一堂に会し、「公司信用類債券各部門間協力体制に関する会議」が開催され、社債市場に関する当局横断的な取組みが開始されている。昨今の株式市場の乱高下や、シャドーバンキング等を含めた金融システム全体へのマクロ・プルーデンス対策の強化といった観点もふまえ、中国においても金融監督態勢強化への議論が行われている状況と思われる。現在分裂している規制当局の一元化は、金融ビジネスの観点からもさまざまなメリットが想定されるとともに、当局の行動に関する予見可能性を高め、市場のリスクを低減する効果も期待され、今後の取組みが期待される。

(2)　関係法令

　前述のとおり、債券発行に関しては、各国の法体系において汎用性を有したかたちで位置づけられることが一般的と思われる。一方、中国においては縦割りの行政を映じ、より具体的な債券発行等に関しては、規制当局および商品ごとに管理弁法（特別法）あるいは自主ルールに規定されている（図表1－20）。

　たとえば、社債についてみてみよう。中国における社債には、所管当局や商品性に応じ、さまざまな法令が存在している。中国においても会社法や証券法といった一般法は存在しているが、具体的な債券の発行に関しては、商品性ごとの特別法に相当する管理弁法やガイドライン等に規定されており、実際の検討は当該管理弁法等を中心に行われることとなる。日本等とは法令の考え方が異なることには留意が必要である。

図1−20 中国本土債券市場の主要関係法令

債券種類	主要規定		所管
SCP	銀行間債券市場非金融企業債券融資工具管理弁法　　　銀行間債券市場非金融企業融資工具発行規範	銀行間債券市場非金融企業超短期融資業務規範	NAFMII
CP		銀行間債券市場非金融企業短期融資券業務規範	
MTN		銀行間債券市場非金融企業中期手形業務規範	
私募債		銀行間債券市場非金融企業債務融資工具非公開割当発行規則	
金融債	銀行間債券市場金融債発行管理弁法		CBRC PBOC
企業債	企業債券管理条例	企業債券市場の発展、発行承認手続の簡素化に関する通知	NDRC
公司債	公司債券発行与交易管理弁法		CSRC

(出所) 筆者作成

4 発展経緯と政策動向

　ここでは、中国債券市場の動向につき、発展経緯と政策動向について説明したい。

(1) 中国国債市場小史

　債券市場は、国債主導で発展することが一般的な傾向と思われる。ここでは、国債を中心に中国債券市場の歴史を解説したい。

　中国における最初の債券発行は、1950年に中国政府が発行した人民勝利折実公債（5年、3億元）である。中国は1949年に建国されており、建国に伴う財政資金需要をまかなうことが目的であった。その後、中国政府は1954年より1958年にかけて、国家経済建設公債を5回発行したものの、計画経済体制への移行に伴い、国債の発行は休止することとなった。

国債の発行が再開されたのは1981年である。背景としては、1978年に鄧小平による改革開放路線が決定され、中国が計画経済体制から社会主義市場経済へと移行したことがあげられる。企業の自主裁量を拡大する制度改革により、国有企業からの税収が減少したことで、政府の財政収入が圧迫されることとなり、経済再生のため財政支出が増加したことも相まって、中国当局の国債発行ニーズが高まることとなった。これを受け、国務院は1981年1月に『中華人民共和国国庫券条例』を制定し、同年7月から国債の発行を再開した。また、1980年代前半より企業債の発行が行われていることは、前述のとおりである。

　一方当時、債券の流通市場は存在していなかった。国債は国有企業や地方政府、軍、個人などに割り当てられており、流通が禁じられ、投資家が債券を償還日まで保有することが前提となっていた。なお、国有企業への国債の割当ては、国有企業からの税収減少と事実上トレードオフの関係にあることも指摘されよう。

　中国における流通市場形成の端緒は、1987年にPBOC上海支店が『証券店頭取引暫定規定』を公布したことに求められる。以降、PBOCの認可を受けた金融機関の店頭で、国債、金融債、企業債の取扱いが行われるようになった。1988年4月には国務院が7都市（瀋陽、上海、重慶、武漢、広州、ハルピン、深圳）にて国債の流通を認め、同年6月には54都市に拡大した。なお、1990年には上海および深圳に証券取引所が開設されるとともに各地に証券取引センターが設置され、国債が上場されることとなり、取引所取引も開始された。なお同年には、有価証券取引システムとして、中国証券取引自動気配表示システム（STAQシステム、Securities Trading Automated Quotation System）が稼働している。また、1993年には上海証券取引所において国債先物取引および国債レポ取引が導入された。

　以上のように中国における国債市場は順調な発展を遂げたが、1995年にはさまざまな不祥事が発生し、転機を迎えることとなる。国債先物取引においては、信用取引を活用した大規模な空売りによる価格操作が行われ（327国

債先物事件)、同年5月には上海・深圳の証券取引所を除く各地の証券取引センターやSTAQシステムが閉鎖されることとなった。また、国債レポ市場においては、一部金融機関により担保証券の偽造が行われた。このような事態を受け、中国当局は国債に関する証券決済機関としてCCDC(中央国債登記結算有限責任公司)を設立し国債の管理を一元化するとともに、商業銀行による取引所市場への参加を禁止した。商業銀行が取引所市場に参画できなくなったことは、商業銀行の債券取引の場としての銀行間債券市場の成立を促すこととなり、現在に至る債券市場の分断へとつながっている。なお、国債先物は2013年に再開されたが、再開まで18年を要した。

 その後中国の国債市場は順調に拡大しているが、前述のとおり、2007年にはCIC(中国投資有限責任公司)の設立に伴う資金調達、2009年にはリーマン・ショック後の金融危機に対応した経済対策の原資の調達が行われ、国債発行額が増加している(図表1-21)。また、2015年については中央政府が主導する地方政府の債務再編への取組みの帰結として、地方債の発行が増加していることには、公的セクター全般の動向として、留意が必要であろう。

図表1-21 中国国債発行額の推移

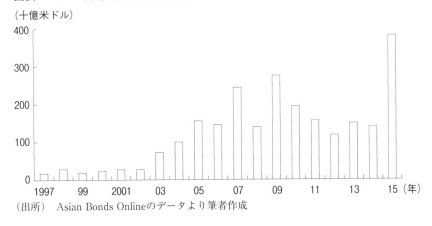

(出所) Asian Bonds Onlineのデータより筆者作成

(2) 政策動向全般

ここでは、中国当局の問題意識と株式市場の動向をふまえ、中国の経済政策における債券市場の位置づけと、政策動向について説明する。

a 中国の金融構造

中国における債券市場の位置づけを考えるうえで、金融構造の分析は不可欠と思われる。中国の金融構造は間接金融中心である。中国における家計金融資産の63％が現金・預金であり、現金・預金が53％を占める日本との比較においても、より銀行が金融仲介機能の中核に位置づけられている状況となっている（図表1－22）。なお、ユーロ圏においては現金・預金は34％であり、米国においては、14％である。欧米との比較では日本・中国ともに間接金融の比重が重い状況である。

間接金融中心の金融構造は、銀行を介することで個人が信用リスクから遮断される点や、銀行との安定かつ継続的な取引関係を背景に、企業にとっては安定的なファイナンスが期待される。一方、資金の配分や銀行へのリスク集中との観点では、課題も多い。リスク選好に同質性を有する銀行融資は、新興企業や成長企業よりは比較的信用力の高い企業に振り向けられやすい傾

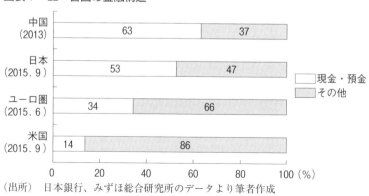

図表1－22　各国の金融構造

（出所）　日本銀行、みずほ総合研究所のデータより筆者作成

向を有している。特に中国においては、経済成長に応じ資金需要が旺盛であるなか、大手国有企業や国家政策上重要なプロジェクト等へ銀行融資が集中する傾向が指摘されている。成長産業や中小企業の資金調達基盤の拡充が課題となっているが、このような課題の背景には間接金融中心の金融構造が存在している。

また、今後金利自由化が実質的に進展し、経済の減速により資金需要が縮小した場合、競争激化による利鞘縮小が銀行経営にマイナスの影響を及ぼすことが懸念される。そのようななか、景気減速を背景に不良債権が拡大した場合、そのリスクは銀行部門に集中することとなり、問題化した場合は、銀行融資が滞り金融仲介機能の低下による中国経済全般への悪影響も想定されよう。

そのようななか、中国当局は資本市場の活性化を通じ、金融構造の変化を促し、リスクマネーの供給機能を拡大するとともに、金融自由化の本格化を控えた銀行部門へのリスク集中の緩和を目指しているように思われる。以下では、株式市場および債券市場をめぐる政策動向を説明する。

b 中国株式市場の動向

中国では、改革開放路線を背景に、1984年に株式会社制度が導入され、1986年に国務院より出された『改革推進と企業再編に関する諸規定』に基づき、株式の一般公開が行われるようになった。以降、1990年に上海、1991年には深圳にも証券取引所が開設され、また、1993年の公司法制定など、法制度整備が進展している。

なお、中国の上場企業の大宗は国有企業であるため、中国当局が保有する株、すなわち「非流通株」の取扱いが課題となる。本件については、1998年頃から非流通株改革が断続的に行われており、特に2005年にはCSRCより『上場会社株式権益分割改革関連問題に関する通知』および『上場会社株式権益分割改革の管理弁法』が公表され、以降、懸案であった非流通株改革が進展することになった。中国当局の取組みにより、中国の株式市場の時価総

額は拡大した（図表1－23）。

　2008年以降、中国の株式市場はむずかしい局面が続いている。2008年にはリーマン・ショックや上場企業の業績悪化に伴い株価は低迷、2009年以降は景気対策を受け、若干持ち直したもののリーマン・ショック前の水準を回復することはできなかった。また、2014年以降、経済の減速を映じ中国において金融緩和が本格化するなか、株価は乱高下している（図表1－24）。

図表1－23　中国株式市場の時価総額推移

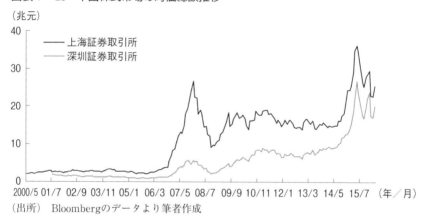

（出所）　Bloombergのデータより筆者作成

図表1－24　中国株式市場価格の推移

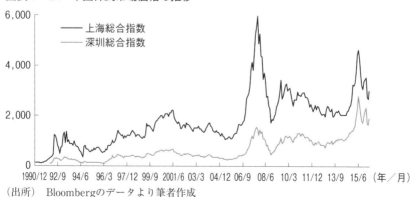

（出所）　Bloombergのデータより筆者作成

2015年4月以降、不動産市況の低迷や投資家ごとの口座保有制限の撤廃などの規制緩和や、中国語で「融資融券」や「場外配資」と呼ばれる信用取引の拡大を背景に急騰したものの、危機感を強める当局が場外配資を制限したことをきっかけに、8月にかけての株価は急落した。なお、株価が乱高下するなかで、中国当局はさまざまな株価下支え措置を講じたものの、多くの株式が一時売買停止となるなど、中国当局のコミュニケーション不足もあり、海外の投資家の中国株式市場に対する不信感を高める結果となった。

　また、2016年1月には、前年の株価乱高下の反省からサーキット・ブレーカー制度が導入されたものの、市場の実情とそぐわず、サーキット・ブレーカーが連日適用され、事実上株式の売買が困難な状況となり、株価が急落するとともに、サーキット・ブレーカー制度は停止に追い込まれることとなった（サーキット・ブレーカー・ショック）。

　株式市場が困難に直面している背景としては、①中国経済の減速、および、②市場構造の問題、が指摘されよう。①については、中国の高度成長期が終わりつつあるなか、高度成長の結果としての株価上昇期待を背景とした資金流入は減少が見込まれる。また中国企業も、成長力が鈍化するなか、エクイティ・ファイナンスからデット・ファイナンスへと資金調達の重心を移す必要が生じよう。

　さらに②については、中国の株式市場の保有者は個人が99.6％と大宗を占めていることが重要であろう（図表1－25）。一般的に、個人株主は経済のファンダメンタルズや企業業績よりも、株価自体の上下動を重視する傾向がある。先進国の株式市場においては、保険会社や年金などの機関投資家を含む金融機関や、外国人投資家が市場に参加しており、経済のファンダメンタルズや企業業績を映じ、健全な価格形成が期待できるバランスのよい保有構造を形成している。中国の株式市場はまだこのような構造形成には至らず、ボラティリティの大きい市場となっている。

　中国経済の減速や、中国株式市場構造が一朝一夕では改善困難と目されることをふまえると、再び株式市場が乱高下する可能性は否定しえない。その

図表1−25 株式市場構造の日中比較

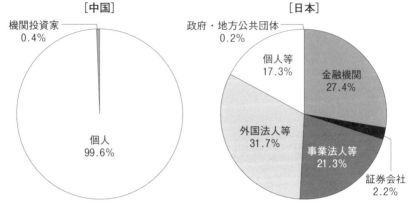

（出所）　中国：中国証券登記結算統計年鑑（2014）
　　　　　日本：東京証券取引所（2015年3月末）より筆者作成

ようななかで、中国当局は株式市場より、債券市場へと政策の重心を移しつつあるように思われる。

(3)　中国債券市場をめぐる政策動向

中国債券市場は当局の政策を映じて急激に拡大しており、規制緩和の進展も著しい。ここでは、中国当局の債券市場育成政策を紹介するとともに、規制緩和の状況についても説明する。

a　新国九条の概要

中国当局は債券市場の育成を重視するとのスタンスを明確にしている。

2013年に行われた中国共産党第18期中央委員会第3回全体会議（いわゆる三中全会）は、習近平政権の改革の方向性を示すものとして注目されたが、このなかでは、経済体制改革を重点とし、政府と市場の関係再構築において市場の役割を重視するとの考え方が明確になっている。また、2014年5月9日に、中国国務院が『資本市場の健全な発展の更なる促進に関する国務院の若干の意見』（以下、「新国九条」）を発表し、資本市場の機能を介した資金の

効率配分を念頭に置いたさまざまな改革メニューを提示している(図表1－26)。

図表1－26 新国九条の概要(抜粋)

	内　容
1	指導思想・基本原則・主要任務 ●2020年までに構造が合理的で、規範化・透明化され、効率性と安定性を備えた、開放的で重層的な市場を構築する
2	重層的な株式市場を発展させる ●株式発行登録制度の改革(情報公開等)、上場廃止制度の整備等
3	債券市場の規範化されたかたちでの発展を促す ●社債や地方債の発行制度の整備、ベンチャー・中小企業等に適した債券の充実、格付業務の規範化、破綻処理メカニズムの確立、異なった市場での同一銘柄の相互取引の促進等
4	私募市場を育成する ●適格投資家基準の標準化等、発行制度の健全化、プライベートファンドの育成
5	先物市場の整備を促進する ●商品先物市場の発展促進と金融先物市場の整備加速
6	証券・先物取引業の競争力を高める ●証券・先物業の参入規制緩和とその業務の差別化・専門家の推進、社会保障基金や企業年金等の機関投資家の役割強化、証券・先物インターネット取引の秩序ある発展の促進等
7	資本市場の対外開放を拡大する ●クロスボーダー投融資円滑化、証券・先物取引業の対外開放促進、監督・管理面での国際協力
8	金融リスクを回避・低減する ●システミックリスク監視と評価・処理体制の確立、監督・管理機能の強化等
9	資本市場の発展に良好な環境を整える ●法・税制度の整備、個人投資家等の保護強化、各市場間の監督・管理面での連携促進等

(出所) 中国国務院より筆者作成

債券市場に関しては、「債券市場の規範化されたかたちでの発展を促す」ことが明記された。具体的には、商品性の多様化や社債市場の発展に応じた破綻時の処理に関する問題意識などがうかがえるものである。日本における債券市場の発展経緯をふまえても、妥当な内容となっている。また、その他の部分でも、金融先物市場の整備や、証券業の競争力向上、資本市場の対外開放拡大、法制度・税制の整備や個人投資家の保護強化、監督体制の整備などにも付言されており、現物市場にとどまらず、かつ、投資家や当局の活動の影響にも勘案したバランスのよい内容と評価されよう。

b　債券市場育成方針の背景

　中国当局が債券市場育成を重視する背景としては、前述のとおり、足腰の強化や新陳代謝の促進による中国経済の強靭化をふまえた、①円滑なリスクマネーの供給促進や、②間接金融（銀行）中心の金融構造への危機感、が指摘されよう。

　中国経済が急速に拡大し、旺盛な資金需要が存在する環境下、中国においては、預貸率規制など間接金融チャネルへのコントロールを重視する経済運営が行われてきた経緯がある。そのようななか、金利規制等も背景に、間接金融チャネルを担う銀行が、信用力の高い取引先の資金需要に優先的に対応し、中小企業等へ必要十分な資金が回らないことが構造的な問題点として指摘されているようだ。

　中小企業の育成は、中国経済の足腰強化に重要な役割を果たすものと思われる。中国当局の債券市場育成方針の背景としては、ベンチャー・中小企業等に適した債券の充実や、私募債市場の育成との方針が示されており、大企業重視になりがちな間接金融を補完し、相対的にリスクの高い中小企業等への資金供給を円滑にするとの問題意識が想定されよう。

　リスクマネーの供給との観点からは、株式市場の機能を重視すべきとの意見もあろう。リスクマネー供給においてエクイティが主体となるべきとの考えに違和感はなく、新国九条においても中小企業による株式市場活用等は謳

われている。一方、中国の株式市場は、リーマン・ショック以降多年にわたり低調な推移となっていること、個人投資家を中心とした市場構造や、非流通株問題に代表されるようなさまざまな課題を抱えている状況であることも認識すべきであろう。株式市場が課題を抱えるなか、中国において主体的な位置づけを占める間接金融の延長線上と位置づけられるデット市場としての債券市場を重視することは、当面の政策的な方向性としては、現実的な選択肢と考えられる。

　そのようななか、中国当局は過去には10％程度で推移している社会融資規模に占める直接金融の割合を、15％程度に高めることを目標とするといったかたちで、債券市場への梃入れを行った経緯がある。なお、社会融資規模とは中国におけるマネーサプライの指標であり、直接・間接金融等手段を問わず、市中に供給された資金フローを表す統計である。中国当局は、近年では信託経由での資金仲介などのシャドーバンキングへの問題意識もあり、融資に偏り過ぎた資金フローを見直すことで、融資と債券のバランスのとれた市場を構築することを重視しているものと思われる。

　このような考えの背景には、諸外国の先例をふまえ、金利・金融自由化が預貸利鞘の縮小などを通じて銀行の経営を圧迫し、間接金融チャネルでの資金仲介が細っていく可能性を念頭に、補完的な資金仲介チャネルとして債券市場を位置づけようとの当局の意図が感じられる。また、金融危機からの早期リカバリーにおいては、リーマン・ショック後の米国経済のリカバリーの状況等をふまえると、間接金融よりは市場のダイナミクスを介した優勝劣敗メカニズムの発揮が期待される直接金融の役割が重要との政策判断があるものと考えられる。

　なお前述のとおり、中国においては、先進国へのキャッチ・アップが課題となるなか、相応の債券市場を形成しつつも、その規模は、GDPの59％にとどまっている。他の先進国並みとはいかずとも、たとえば中国の債券市場がGDP対比で100％程度の規模まで成長することは十分に想定可能と思われ、その際は、債券市場の規模は現在の倍の規模にまで拡大することとな

る。さらに、中国の経済成長が6％程度で安定成長することを勘案すれば、母数であるGDP自体も拡大が見込まれ、実際には倍以上の成長が期待されよう。

c 中国債券市場における規制緩和の進展

また、中国債券市場においては、当局主導での規制緩和への取組みが加速している。具体的には、本章2(6)で説明した新たな商品性の導入（地方債、ABS、パンダ債）、上海自由貿易試験区における取組み、流通市場・証券決済制度の整備、投資制度の拡充などである。オフショア人民元建て債券市場の拡大（コラム1-1）も重要であろう。

2013年7月、中国国務院は上海における自由貿易試験区の設立計画の大綱を承認した。上海自貿区設立は、①中国におけるさらなる経済発展モデル転換や、②グローバルな自由貿易圏構想への参画、が求められているなか、中国における適応テストの場として設置されたものといえよう。一方、上海は従前より国際金融センター化に向けた取組みを進めており、上海自貿区においては金融面での規制緩和についても標榜されている。具体的には、上海自貿区における内外投資の自由化や、区内企業の親会社によるパンダ債発行といった方針が打ち出されている。これらは、まさにオンオフ一体で双方向に取引が可能な金融・資本市場の構築への第一歩であり、中国当局もそのような市場を形成することを志向しているものと思われる。本邦金融関連企業では、SBIホールディングスによる上海陸家嘴集団および新希望集団とインターネットを活用した金融事業に関する業務提携、野村ホールディングスによる上海陸家嘴集団等との合弁会社設立、邦銀（メガバンク）による拠点開設といった取組みが行われている状況である。今後、規制緩和に応じたさまざまな金融ビジネスの展開が期待される。

また、地方債とパンダ債については前述のとおりであるが、特にABSについては、中国当局の金融構造の変革への取組みに即したものと評価できそうだ。中国当局は、間接金融の延長線上としてABSを位置づけ、融資と債

図表 1 −27　オートローン会社の資金調達手法の比較

	融資	ABS	金融債
当局認可	不要	届出制	要（個別）
1 社貸出規制	対象	対象外	対象
グループ貸出規制	対象	対象外	対象

（出所）　筆者作成

券のバランスがとれた市場構造構築を目指しているように思われる。ABSの発行体であるオートローン会社は、融資や金融債の発行、もしくはABSの発行で資金調達を行うこととなる。中国当局はABS市場の拡大に向け、融資および金融債との比較において制度適用に差異を設けており、投資家である商業銀行がABSを取得するインセンティブを有する構造となっている。このことが近年のABSの発行拡大の背景となっている（図表 1 −27）。

d　今後の課題

なお、債券市場をめぐる中国当局の政策動向として今後注目されるのは、機関投資家の育成であろう。中国当局は間接金融中心の金融構造への問題意識を背景に、補完的な資金供給チャネルとして債券市場を位置づけているようだ。一方、中国債券市場における主要な投資家は商業銀行であり、商業銀行が融資を行えず間接金融における資金仲介が滞った場合、現在の金融構造を前提とすると、債券市場においても資金供給が円滑に行われない可能性が高い。債券市場育成に関する中国当局の政策意図の実現のためには機関投資家の育成が不可欠である。

機関投資家の成長には、そのベースとなる家計金融資産の拡大が必要になる。中国は経済成長により世界第 2 位の経済規模を有するまでに拡大したが、家計金融資産の蓄積はまだ途上であり、日本の10分の 1 程度にとどまっている（図表 1 −28）。

GDPとの対比でも家計金融資産の蓄積においては、日中間にまだ格差が

図表1−28　家計金融資産の日中比較

	中国（2013年）	日本（2015年）
家計金融資産	9.1兆元（136兆円）	1,742兆円
GDP対比	14%	415%
人口	13.6億人	1.3億人
1人当り家計金融資産	6,670元（0.1百万円）	1,370百万円

（注）　1元15円で換算。
（出所）　中国統計年鑑、日本銀行、IMFより筆者作成

存在し、また、1人当りの家計金融資産については、100倍以上の差異が存在する。中国が経済的な豊かさを実現するためには、家計金融資産の蓄積が欠かせないものと思われ、家計金融資産の拡大が期待される。

　中国では、家計金融資産の蓄積が十分ではないなか、年金・保険といった業態についても、まだ萌芽期にあり、債券市場において存在感を示すには至っていない。また中国では、国民所得の増加を高齢化が凌駕する、いわゆる「未富先老」が課題となっている。そのようななか、中国当局は国民皆保険を前提とした社会保険制度の構築に注力しており、カバー範囲や財政支出の拡大、年金制度の整備に注力しているようだ。保険分野については、公的保険を補完する民間の取組みも重要となり、かつ介護保険といった新たな分野も課題となろう。

　中国における社会保険制度構築が進展するなか、年金・保険等の残高の積み上がりに応じ、運用資産の拡大が課題となろう。負債サイドが長期にわたることをふまえると、運用資産における債券のウェイトはおのずと高まることが予想される。景気要因に左右されずに債券投資を行う機関投資家の存在は、中国の債券市場のさらなる成長と複線的な資金仲介チャネルの形成に資するものとなろう。

　また中国における家計金融資産の蓄積が進展した場合、分散投資の必要性の高まりから海外資産への投資が拡大する蓋然性は高いように思われる。日

本への投資拡大も予想され、日本の資産運用業界にとってもビジネスチャンスとなろう。

本邦投資家・企業にとっての意義

ここでは、中国債券市場の拡大をふまえ、本邦投資家・企業にとっての取組意義について考えたい。

(1) 本邦投資家にとっての取組意義

a　本邦投資家の投資環境

昨今、本邦機関投資家による外債投資ニーズが拡大している。日本銀行の資金循環統計においては2014年度末の時点では合計で300兆円に迫る規模となっており、2015年度以降についても、投資は拡大しているようだ（図表1－29）。

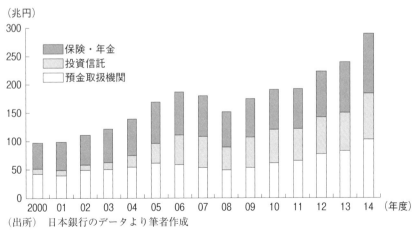

図表1－29　対外証券投資残高の現状（含む株式）

（出所）　日本銀行のデータより筆者作成

第1章　中国債券市場の現状　49

外債投資の背景としては、国内の超低金利継続による運用難が存在する。従前より本邦機関投資家は経費をまかなうことすら困難な国内の金利水準のなか、運用に苦慮してきた。これに加え、日本銀行は2016年1月29日に「マイナス金利付量的・質的金融緩和」の導入を発表、日本において長期国債の利回りがマイナスとなるに至った。このような環境下、本邦機関投資家は、債券投資において経済合理性を担保するために、為替リスクなどを加味せざるえない状況かと思われる。

　なお、アベノミクスの帰結としての円安や国内金利上昇（債券価格下落）の可能性をふまえると、本邦機関投資家はおのずと外債投資を意識せざるをえなくなっていることも事実であろう。また、日本銀行の金融緩和のための国債購入が、機関投資家の国債投資を制約し、結果として国債以外の債券への投資が拡大する可能性についても指摘されている。

　これまで、本邦機関投資家の外債投資の受け皿となってきたのは、欧米先進国の国債と思われる。ただし、欧州諸国に関しては欧州中央銀行の金融緩和や一部の国でのマイナス金利導入を受け金利が低下し、日本と同様の超低金利状況となっている。一方、米国に関しては景気回復に伴い利上げ実現に至っており、米国債も相応の水準を維持しているものの、昨今は米ドル高や原油価格低迷、中国等の新興国の景気減速を受けて、継続的な利上げは困難な状況となっており、神経質な市場動向が予想される。米ドル調達コストの上昇もあり、米国一極集中のリスクも意識される状況かと思われる。このような環境下、相応の金利を確保可能であり、かつ世界第3位の債券市場である中国本土債券市場への投資は、本邦のみならず世界の機関投資家にとって選択肢となりうる。

b　中国債券市場の魅力

　中国の経済成長は鈍化したとはいえ、中国政府は引き続き年6％程度の成長を目指しており、今後も安定した経済成長が見込まれている。そのような状況を背景に、中国本土債券市場は、足元5年までの中期ゾーンにおいても

２％程度の金利が確保可能であり、今後も安定的な推移が見込まれる。なお、中国の景気減速については、金利低下を通じ債券投資にメリットのある市場環境を招来する可能性も念頭に置く必要がある。また、市場の規模に関しても、2015年末で６兆米ドル強と世界第３位となっており、中国当局は債券市場拡大への取組姿勢を鮮明にしている。証券決済インフラの整備状況等には留意が必要だが、相応の流動性も期待される。

　中国の経済成長に伴い、主要国の経済規模比較における中国のウェイトは着実に拡大している。20世紀には中国のGDPは１兆ドル前後と世界主要国の３〜５％であり、米国（40％程度）やユーロ圏（30％前後）、日本（20％前後）と比べ、低位にとどまっていた。一方、改革開放路線を背景に中国は1980年代以降急速な経済成長を遂げ、2014年のGDPは11兆ドルまで到達し、世界主要国の21％を占めるまで拡大している。これは、米国（34％）、ユーロ圏（27％）に次ぐ経済規模である。なお、IMFの予想によると、2020年の中国のGDPは、18兆ドルとユーロ圏（14兆ドル）を上回る見込みであり、世界主要国の27％を占めるに至ることが想定されている（図表１－30）。

　金融市場のグローバル化が進展し、機関投資家を中心に分散投資が重要なテーマとなっている。中国の資本市場・債券市場は資本規制を背景に海外投資家による投資が限定的にとどまっているものの、人民元国際化等をふまえ、現在、中国当局は海外投資家による債券投資拡大を促すべく規制緩和に取り組んでおり、今後投資に関するハードルは着実に低下することが予想される。そのようななか、金利や市場規模を背景に、機関投資家は債券投資においても中国関連の投資拡大が求められる可能性は高く、潜在的な需要は相応に存在するように思われる。

c　為替リスクについて

　中国本土債券市場への投資においては、人民元の為替相場の状況が重要な要素となる。本邦投資家は現時点で負債サイドに人民元を有しておらず、中国本土債券市場への投資にあたっては、なんらかのかたちで人民元を調達す

図表1-30　世界主要国のGDPの推移

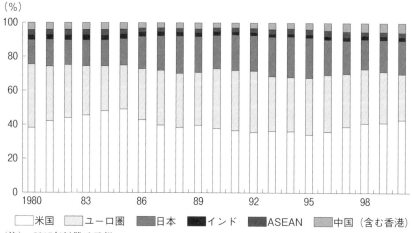

(注) 2015年以降は予想。
(出所) 国際通貨基金のデータより筆者作成

る必要がある。本邦機関投資家の人民元調達手法については、詳細は後述するが、大きくは、①為替取引による調達（円売り・元買い）と、②通貨スワップによる調達、が存在する。なお、投資制度によっては、海外から中国に投資資金を送金する際、米ドルなど人民元以外の通貨で行う必要があることは留意が必要であろう。

人民元の調達においては、為替リスクに関する考え方の整理が必要であろう。上記②通貨スワップによる調達においては、為替リスクはヘッジされている。また、①為替取引による調達においても為替予約により為替リスクのヘッジは可能である。一方、為替リスクをフルヘッジした場合には、円建て投資と変わらぬ金利となるため、人民元建て債券の相対的に高い利回りを享受することは困難であり、一定程度為替リスクをとることが、投資においては必要となろう。

為替リスクをとった投資を行う場合、投資対象債券の償還（または売却）の時点で当初より元高（円安）となった場合は為替差益が発生し、逆に元安

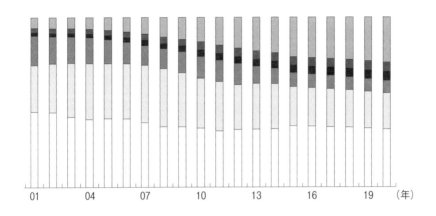

（円高）となった場合は、償還差損が発生することとなる。

次に人民元の為替相場の推移について確認したい。中国は、1990年代半ばまでは経常収支が安定せず、黒字と赤字を繰り返す状況であった。一方、1994年に二重為替制度の廃止に伴う為替レートの一本化の結果、大幅な人民元切下げが行われたこともあり、2000年代以降については、輸出主導型の経済発展も背景に経常収支は黒字化し、緩やかな元高が続くこととなった。なお、2013年以降については、中国の経常黒字は漸次低下し、米国等も中国の為替自由化への圧力を強めるなか、それまでの元高基調は緩やかな元安基調へと転換することとなった（図表１－31）。

近年では、2015年８月11日にPBOCが対米ドル人民元相場の基準値と市場実勢値の乖離修正をねらい、対米ドル為替レート基準値の算定方法を変更したことの帰結として人民元安（基準値対比▲1.9％）となった。基準値の算出方法変更は、人民元のIMFのSDR入りをめぐる議論のなかで、規制緩和の進展を示すために行われたものであり、単純な人民元の切下げとは分けて考え

図表1－31　人民元相場と経常収支の推移

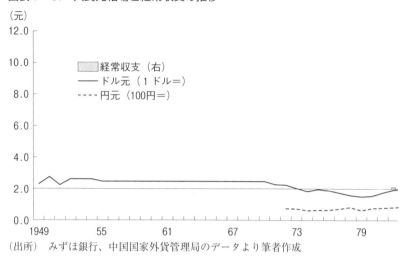

（出所）　みずほ銀行、中国国家外貨管理局のデータより筆者作成

る必要があろう。しかし、中国株式市場の混乱と相まって、市場は中国からの資本流出やさらなる人民元切下げが懸念される事態となったものと思われる。

　今後については、中国政府は景気減速等を背景に緩やかな元安を志向することが想定される。一方、国際情勢や米国の動向、特に利上げのスピード等を勘案すると急激な元安進行は想定しがたい。先進国の景気が低迷するなかで、中国経済の安定的な成長が見込まれること等をふまえると、元安・元高双方の可能性があるように思われる。中国本土債券投資に関しては、人民元の為替動向にも留意が必要となろう。

d　イールドカーブの活用

　なお最後に、中国のイールドカーブの状況と、イールドカーブに着目した投資の可能性について考えたい。

　先進国を中心に、金融緩和の結果として、日本をはじめ各国の債券市場のイールドカーブは、短期金利と長期金利の差がきわめて小さくフラットニン

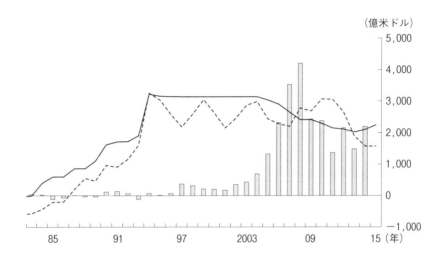

図表1-32 中国本土国債市場のイールドカーブ

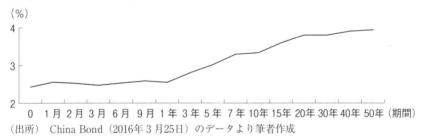

(出所) China Bond（2016年3月25日）のデータより筆者作成

グする状況となっている。一方、中国本土債券市場のイールドカーブでは、短期金利と長期金利の差が相応に存在し、日本との比較ではスティープニング（右肩上り）している（図表1-32）。

　イールドカーブの状況をふまえると、日本など先進国では短期調達・長期運用による収益機会は限定的である。加えて足元はマイナス金利の導入による短期資金市場への影響等を勘案すると、先進国の金融市場において、長短の金利差が享受できる余地はより限られよう。一方、中国のイールドカーブ

の状況を前提とすると、短期調達・長期運用による収益機会が存在することとなる。人民元の機動的な調達や流動性が前提とはなるものの、ファンドや自己勘定投資の手法として、注目されよう。

なお、人民元建てでイールドカーブに着目した投資を行う際には、人民元の短期資金の安定的な調達が課題となることはいうまでもない。なお、海外からの投資においては、特に中国本土資本市場への投資制度との平仄も課題となろう。

(2) 本邦企業にとっての取組意義

a 本邦企業の人民元調達環境

本邦企業はこれまで中国への直接投資および中国での事業を、拡大してきた(図表1-33)。過去には、中国は世界の工場として、安価かつ豊富な労働力の活用を目的に、日本の製造業の生産拠点の海外展開における受け皿となってきた。また、中国は経済成長を果たした結果、世界的な巨大マーケットとして存在感を高めており、グローバルに展開する本邦企業のアジアにお

図表1-33 対中直接投資額の推移

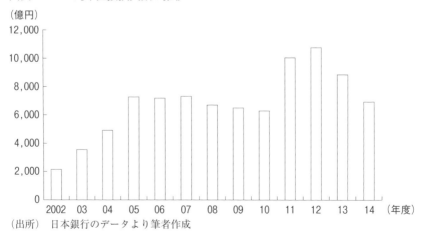

(出所) 日本銀行のデータより筆者作成

けるビジネスの主戦場として、取組みが不可避な市場といえよう。

　ところで、本邦企業の対中直接投資は1980年代以降活発になっている。投資額については、過去より山谷はあるものの、2012年までは長期的には増加傾向にあり、2011年と2012年の直接投資額は1兆円を上回った。対中直接投資が拡大した背景としては、2008年のリーマン・ショック以降、4兆元の経済対策等を背景に中国が世界経済のけん引役として期待されたことがあげられる。ちなみに、2010年に中国のGDPは日本を追い抜き世界第2位となっており、1人当りのGDPの拡大も相まって、巨大市場として、ビジネスの観点からも意識せざるをえない時期であったものと思われる。

　一方、2013年以降、本邦企業の対中直接投資は一転して減少している。本邦企業の対中直接投資額は、2013年は前年比▲18％、2014年度も前年比▲22％となった。急激な縮小の背景には、2012年以降、いわゆる尖閣問題で日中間の政治環境が厳しいものとなり、また、反日デモで本邦企業があらためて中国リスクを意識するようになったことが大きいように思われる。また、中国の経済成長の鈍化や、経済成長による賃金増加等で製造拠点としての魅力が低下したこともあげられよう。

　なお、過去からの中国事業拡大の結果、すでに本邦企業は中国本土においてさまざまな事業を広範に行っていることは意識する必要があろう。事業に伴う人民元資金の調達は、現地法人への中国本土でのローン（融資）に依拠するケースが一般的と思われる。一方、もし日本の親会社が調達した資金を中国現地法人への親子ローン活用が可能であれば、現地法人の資金繰りを支える観点で選択肢となろう。ただし、日本の親会社より中国の現地法人に対し機動的に資金供給を行うことは、中国の規制上困難といわざるをえない。具体的には、中国の資本規制（対外債務管理規制）においては、中国現地法人が親子ローン等の対外債務（外債）を活用する際は、外債枠（投注差、登記上の「総投資額」と「登録資本金（注冊資本金）」の差額）の範囲内でのみ認められており、また、すべての外債はSAFEにて登記を行う必要がある（外債登記）。

上述のような規制環境下、本邦企業の中国現地法人は、基本的には中国現地での本邦系銀行現地法人を含む地場銀行からのローンを、主要な人民元の資金調達先として業務運営を行っているものと思われる。なお、中国における経済成長の減速をふまえると、資金需要が拡大し、新規にローンを受けなければならない環境ではないものと思われ、一方、中国当局も金融政策において緩和的なスタンスをとっていることから、現在の調達環境に大きな懸念はないようだ。

　ただし、本邦企業の既存の中国事業の規模や、市場自体の大きさをふまえると、グループ全体で相応の人民元建て負債を有している本邦企業は数多くあるものと思われる。本邦企業の財務戦略において、中国現地法人における資金調達基盤拡充は継続的な課題となる。中国の金融・資本市場は成長したとはいえ先進国対比ではいまだ成熟しておらず、資金調達も短期中心で、長期資金調達の可能性は限定的であるようだ。また、日本の親会社からの機動的な資金供給を可能とする資本規制の緩和については、もうしばらく時間を要するように思われる。そのようななか、本邦企業の財務戦略において中国本土債券市場の活用は一案となろう。

b　債券発行による調達のメリット

　人民元の調達に関しては、オンショア（中国本土）かオフショア（中国本土外）か、もしくは直接調達か間接調達か、等によりさまざまな手法が存在する。

　人民元の調達においては、当初はオンショアでの間接金融、すなわち銀行融資（ローン）が中心であった。融資については、さまざまな規制の影響下にある。過去において、貸出金利はPBOCの基準金利に基づき上限下限規制が課されてきたが、2013年には貸出金利規制は撤廃されている。一方、実際の融資の現場においては、引き続きPBOCの基準金利との対比が意識されているようだ。また、中国においては企業グループもしくは個社（1社）を対象とする総量規制が存在し、一定程度貸出残高が積み上がった場合には、新

規融資の実行がむずかしいことを意識する必要がある。なお、過去には銀行の貸出残高を預金残高の75％以内とする預貸比率規制が存在したが、2015年に撤廃された。以上のように、オンショアでの融資については、自由化が進展する一方、さまざまな制約がある状況である。なお貸出金利規制については、地域ごとに貸出金利の下限設定を復活させる動きもみられ、留意を要する。

　人民元の国際化に沿って、2012年頃から人民元建てオフショアローンの活用も始まっている。人民元建てオフショアローンは、オフショアの金融機関等より、人民元建て融資の借入れを行うものである。本邦企業の活用例としては、日本や香港などのオフショア市場で日本の親会社（非居住者）が人民元建て借入れを行い、中国現地法人（居住者）へ転貸するという、いわゆる親子ローンの形式が多いものと思われる。借入れ自体は人民元以外の通貨で行い、または自己資金を活用し、為替取引や通貨スワップで人民元を調達したうえで、中国現地法人に対し親子ローンを実行するケースも想定されよう。なお、親子ローンにおいては、中国の対外債務管理規制を意識する必要があり、その上限および機動的な対応が困難であることについては、前述のとおりである。

　なお、人民元建てオフショアローン活用には、中国の資本規制を背景に、オンショアとオフショアで人民元の為替レートや金利が異なっていることが背景として存在する。オフショアでの人民元調達金利のほうがオンショアより低利であった時期においては、オフショアで人民元を調達し中国現地法人への親子ローンによりオンショアで活用することにメリットがあった。オフショア人民元建て債券市場の拡大も、そのような市場環境に起因するものである。

　しかし、昨今では、規制緩和により、直接調達の可能性が拡大している。具体的には、中国本土債券市場での中国現地法人（居住者）による債券発行（本土債）や、日本の親会社（非居住者）による債券発行（パンダ債）、また、香港等オフショア人民元市場において発行するオフショア人民元建て債券な

どである。

　債券発行による資金調達のメリットとしては、銀行融資との比較においては、①中長期かつ満期一括返済の資金が調達できること、②債券引受会社のネットワークを通じ、より幅広い投資家が参加可能であること、③低利調達の可能性、があげられる。特に、①については、中国本土においては、1年超の長期ローンがまだ一般的ではなく、債券発行により3年から5年の長期資金が確保可能となることは、中国現地法人の資金調達基盤拡充の観点より、本邦企業の財務戦略に資するものと考えられる。

　また、②については、前述の総量規制を背景に中国本土の銀行は個社への貸出に上限が存在しており、旺盛な資金需要を有する中国現地法人は、中国本土の多数の銀行とローン取引を行う必要があり、交渉や手続を含め、労力を要する状況と思われる。債券発行による資金調達が可能となれば、中国現地法人の業務効率化に資するものとなろう。

　なお、③については、中国においては過去銀行融資に関し貸出金利規制が存在し、かつ現在もPBOCの基準金利の影響を受けている環境下にある。なお、前述のとおり最近では地域ごとに貸出金利の下限設定を復活させる動きもあるようだ。一方、債券は過去より発行体と投資家の交渉による自由金利での発行が認められていた経緯がある。一定以上の格付を有する企業に関しては、状況に応じ、融資に比し低利調達の可能性があるように思われる。

　債券発行に際しては、開示や当局宛ての手続等が存在することには留意が必要である。また、前述のとおり、中国本土の債券市場は機関投資家の育成が課題となっていることをふまえると、実態としてローン商業銀行が投資家となる蓋然性が高いことから、現状、投資家層の拡大のメリットは限定的となろう。

> コラム 1-1

■ オフショア人民元建て債券 ■

　オフショア人民元建て債券とは、中国本土外で発行される人民元建て債券の総称であり、発行地に応じて、点心債（香港）、宝島債（台湾）、獅城債（シンガポール）など、さまざまな呼称が用いられている。人民元国際化のなかで、オフショアに滞留した人民元の運用手法として発生した商品であり、中心的な市場は香港である。

　オフショア人民元建て債券の第一号は、中国国家開発銀行が2007年に香港で発行した点心債である。香港では2004年よりオフショア人民元預金が解禁され、2014年以降、約9,000億元程度の残高で推移しており、滞留するオフショア人民元の運用手段の確保が重要であった。その後、点心債の発行体は規制緩和に応じ範囲を拡大することとなり、2009年には中国国債が発行され、2010年にはマクドナルドやキャタピラーといった国際的な企業が発行したことで、世界の市場関係者が点心債に注目することとなった（図表1-34）。なお、日本企業としては、2011年3月にオリックスが発行しており、以降、リース会社を中心に継続的な発行が行われている。点心債という呼称の由来は、①点心（お菓子、軽食）のようにおいしいが本格的な投資には発行額が物足りない、と

図表1-34　点心債の発行体

	発行体の拡大	主要発行体
2007	本土金融機関	中国国家開発銀行、中国輸出入銀行、中国銀行、交通銀行、中国建設銀行
2008	―	―
2009	中国政府 金融機関の中国現地法人	中国財政部（中国国債）、 HSBC（中国現法）、東亜銀行（中国現法）
2010	国際機関 事業会社 外資系金融機関	アジア開発銀行、Hopewell、 McDonald、Caterpillar Finance、 UBS、VTB、ANZ
2011	外資系事業会社 中国企業	Unilever、Volkswagen、BP、オリックス、 MUFJリース、東京センチュリーリース Baosteel

（出所）　筆者作成

いったものや、②マクドナルドの起債からの連想（ファストフード）、といった諸説がある。

　点心債の発行額は、人民元高や世界的な金融緩和を受けた投資資金の流入や、中資系企業の発行拡大、リファイナンス需要等を背景に、2014年には3,300億元まで増加している（図表1－35）。香港は英国領であった経緯や国際金融センターとして発展していたことを背景に、国際的なオフショア市場であるユーロ市場と密接に関連しており、既存のユーロMTNプログラムを活用した起債が可能な点なども、点心債市場拡大の背景として指摘されよう。

　一方、2012年以降、オフショア人民元建て債券市場は地理的にも拡大している。2012年以降、人民元の"Western Hub"を標榜するロンドンにおいて、HSBCなどがオフショア人民元建て債券を発行した。また、台湾やシンガポールにおいても現地での人民元決済の中核として機能する人民元クリアリングバンク設置とともに宝島債、獅城債が発行されている。また、2014年以降については、欧州を中心に人民元クリアリングバンクの設置や人民元適格外国機関投資家（RQFII、Renminbi Qualified Foreign Institutional Investor）枠の付与が進展するなか、フランクフルト（ライン債）、ソウル、パリ（凱旋債）、ルクセンブルク（シェイゲン債）などでも中資系大手銀行の現地支店や現地有力金融機関により、人民元建て債券の発行が行われている。このような動きの背景としては、次代のプレミアム・カレンシーと目される人民元建ての金融ビジネス獲得をめぐる、国際金融センター間の市場間競争が指摘されよう。

図表1－35　点心債発行額の推移

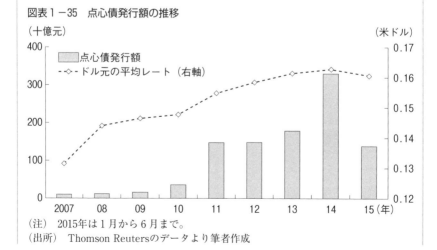

（注）　2015年は1月から6月まで。
（出所）　Thomson Reutersのデータより筆者作成

なお、オフショア人民元建て債券市場が地理的に拡大するなか、日本においては2015年6月に三菱東京UFJ銀行が、同年7月にみずほ銀行が人民元建て債券を発行しており、フジヤマ債との呼称の定着が有力視されている。日本の成長戦略においても、東京市場の国際金融センターとしての地位確立が重要視されるなか、東京市場の取組深化も期待される。

　なお、第二次世界大戦後のマーシャル・プランや冷戦下における米国の金融規制を背景としたユーロダラーの蓄積により、ユーロドル債市場が構築されたことは、基軸通貨としての米ドルの機能形成において重要な役割を果たしている。人民元国際化や人民元建て金融ビジネス拡大のなかで、オフショア人民元建て債券市場はその中核としてますます注目される。

コラム 1-2

■ 人民元国際化 ■

　国際的な通貨取引においては、基軸通貨であるドルが利用されることが一般的である。基軸通貨には、①価値貯蔵、②交換媒介、③価値尺度、の3つの機能があるが、②交換媒介、の機能については、特に規模の経済の作用が働き、基軸通貨以外の通貨を活用することに膨大なコストが生じ、一定の強制力が働くこととなる。

　人民元国際化は、国際的な通貨取引における人民元の活用を拡大し、人民元の交換媒介機能を高める取組みである。背景には、リーマン・ショック後の対外貿易の大幅な落ち込みを受け、中国経済の米ドル依存や構造的に増加する外貨準備の減価を防ぐといった問題意識がある。また、中国が世界の工場として輸出主導で経済発展を遂げるなか、対外貿易において人民元の活用を推進し中国の輸出企業の為替レートの影響を低減することで、その健全な育成を図るといった通商産業政策もあろう。

　中国においては、2008年9月以降クロスボーダー人民元決済に関する規制緩和が段階的に進められ、中国経済の発展も相まって、国際的な通貨取引における人民元の活用は確実に拡大している（図表1-36）。取組みの帰結として、2015年11月にIMFのSDRに人民元が採用されたことは、記憶に新しい。

　金融・資本市場との観点で重要となるのは、人民元建て金融ビジネスの拡大

図表1-36　国際的な人民元取引の拡大

	1	2	3	4	5
2014.1	米ドル 38.75%	ユーロ 33.52%	英ポンド 9.37%	日本円 2.50%	加ドル 1.80%
2016.3	米ドル 43.09%	ユーロ 29.83%	英ポンド 8.00%	日本円 3.27%	人民元 1.88%
	6	7	8	9	10
2014.1	豪ドル 1.75%	人民元 1.39%	スイスフラン 1.38%	香港ドル 1.09%	タイバーツ 0.98%
2016.3	加ドル 1.85%	豪ドル 1.59%	スイスフラン 1.47%	香港ドル 1.10%	タイバーツ 1.05%

（出所）　SWFT rmb tracker

であろう。米ドルに関しては、基軸通貨化や、マーシャル・プランや米国の規制等も背景にオフショアにおける米ドル建ての金融ビジネスが拡大した経緯がある。人民元に関しても、香港を中心としたオフショア人民元建て債券市場の拡大や、RQFII、滬港通（フーガントン）などの投資制度の拡充による内外一体でのビジネスへの取組みが注目されよう。世界各地でオフショア人民元センターへの取組みが進展しており、グローバルな金融ビジネスや、国際金融センターをめぐる市場間競争においても、人民元への取組みは最重要課題となっている。人民元建て金融ビジネス拡大は、潤沢な人民元の流動性を有する中国の金融機関の成長戦略としても注目されよう。

コラム 1-3

■ アジア債券市場育成への取組み ■

　本文中でも触れたとおり、近年アジア債券市場の拡大は顕著である。中国以外の各国でも市場形成が順調に進展している状況にあり、アジア債券市場の拡大の背景には、アジア通貨危機の反省をふまえた各国当局の取組みが存在する（図表1－37）。

　アジア通貨危機においては、急激な通貨下落と資金流出によりタイ、インドネシア、韓国といった国々の経済が打撃を受けることとなった。各国の資金調達が米ドルにより、かつ短期で行われていたこと（ダブル・ミスマッチ）が原因として指摘されており、各国における金融資産の蓄積が進展するなか、域内債券市場の育成による資金循環の形成の重要性が意識されたことが、債券市場発展の契機となった。

　各国当局が連携した取組みとしては、域内の資金循環拡大に資するクロスボーダーでの債券市場形成を目指す、ABMI（アジア債券市場育成イニシアティブ）が重要であろう。ABMIはASEAN＋3財務大臣会合において合意された枠組みであり、域内の現地通貨建て債券市場形成に関し、発行、投資、規制、インフラ、発展途上国支援、といった多様な切り口での検討が進んでいる。具体的な成果としては、本文でも触れた、アジア・ボンド・オンラインやCGIF（信用保証・投資ファシリティ）などがある。なお、日本が議長国と

図表1－37　ABMIの検討状況

	テーマ	議長国	主な取組内容、検討テーマ
TF1	発行の促進	タイ 中国	国際開発機関債の発行、国際協力銀行債、CBO、CGIF、インフラ・ボンド
TF2	投資の促進	シンガポール 日本	アジア・ボンド・オンライン、機関投資家育成、国際市場
TF3	規制の改善	マレーシア 日本	ABMF、中小企業金融
TF4	インフラ整備	フィリピン 韓国	域内決済機関、格付
TACT	技術支援	―	発展途上国（BCLMV）支援

（出所）　財務省ホームページより筆者作成

なっているTF3では、官民連携フォーラムであるASEAN+3債券市場フォーラム（ABMF、ASEAN+3 Bond Market Forum）が構築され、クロスボーダーでの債券発行の仕組みづくり（AMBIF、Asean+3 Multi-Currency Bond Issuance Framework）や、各国の証券決済機関の間でクロスボーダーリンク（口座の相互保有）の構築推進などが進んでいる。なお、2015年9月には、みずほ銀行がAMBIF債第一号としてタイバーツ建て債券を発行した。

コラム 1-4

■ **中国の政策性銀行** ■

　本文中でも触れたとおり、中国においては3つの政策性銀行が存在する。政策性銀行は債券発行により資金調達を行っていることから中国債券市場の主要発行体であり、高い信用力を有することから、日本の投資家にとっても重要な投資対象となることが予想される。

　日本においては、過去長期信用銀行等の発行する金融債が債券市場において大きな位置づけを占めていた。金融債は流動性預金中心の商業銀行の預金を長期性資金に転換し、日本国内のインフラ整備や設備投資向けの中長期のローンの原資として活用された経緯がある。また、債券市場の萌芽期において、未成熟な国内機関投資家に安定的に健全な運用手段を提供したことや、流通市場整備のきっかけとなったことは評価されよう。中国における政策性銀行は債券発行を主要な調達手段としており、政策性銀行債は、日本における金融債と類似の意味合いが認められる。政策性銀行債の発行残高は近年では10兆元超の水準まで拡大している（図表1－38）。以下に中国の政策性銀行の概要を説明する。

① **中国国家開発銀行（CDB、China Development Bank）**
　CDBは1994年に設立され、本部は北京に置かれている。中国当局の経済政

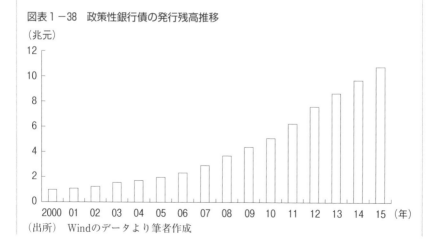

図表1－38　政策性銀行債の発行残高推移
（出所）　Windのデータより筆者作成

策に基づき、産業・プロジェクトを資金面でサポートすることを目的としており、重点分野における設備投資やインフラ整備に関する長期資金ニーズに対応している。近年では、中国企業の海外展開等をふまえ、外貨建てでの貸出や海外現地法人を通じた金融ビジネスにも力を入れている。日本においては日本政策投資銀行に相当する。

なおCDBは、以前は財政部の100％出資であったが、2008年12月以降、株式会社化により出資構成が変更され、中央匯金投資有限責任公司（中国のソブリン・ウェルス・ファンドであるCIC（中国投資有限責任公司）の100％子会社）や全国社会保障基金理事会も出資を行っている。2015年の債券発行額は1兆1,441億元である。

② 中国輸出入銀行（CEB、CHINA EXIM BANK、The Export-import Bank of China）

CEBは1994年に設立され、本部は北京に置かれており、財政部が100％を出資する政策性銀行である。日本の国際協力銀行に相当する機関であり、中国企業の輸出における輸出金融を主要な業務としている。なお、外国政府からの借款の国内転貸業務も行っている。2015年の債券発行額は5,785億元である。

③ 中国農業発展銀行（ADBC、Agricultural Development Bank of China）

ADBCは1994年に設立され、本部は北京に置かれており、財政部が100％を出資する政策性銀行である。農作物を買い付ける政府系機関向けの貸出を行っている。2015年の債券発行額は8,554億元である。

第 2 章

中国債券投資の実務

第2章では、本邦投資家が中国本土債券市場への投資を行うことを念頭に、中国本土資本市場への投資制度や、固有の投資リスク、取引の実務などを解説したい。

投資制度

　中国は現在、国境をまたぐ資金の移動を完全に認めているわけではなく、いわゆる為替・資本規制が残存している。一方、人民元国際化との国策のなかで、2009年にクロスボーダー人民元決済が認められる等、足元は規制緩和が進展している。

　中国本土の資本市場へ海外の投資家が投資を行う場合についても、同様であり、中国当局は各種投資制度を整備することで、当局の管理の枠内で対外開放を進めてきた経緯がある。

(1) 各投資制度の概観

　現在、中国本土資本市場への投資制度については、適格外国機関投資家制度（QFII、Qualified Foreign Institutional Investor）、人民元適格外国機関投資家制度（RQFII、Renminbi QFII）、三類機構、滬港通（フーガントン）（Shanghai-Hong Kong Stock Connect）といった投資制度が存在する（図表2－1）。

　これらの投資制度は、中国人民銀行（PBOC、The People's Bank of China）、中国証券監督管理委員会（CSRC、China Securities Regulatory Commission）および国家外貨管理局（SAFE、State Administration of Foreign Exchange）といった関連当局の認可を前提とするものである。

　中国においては、世界貿易機関（WTO、World Trade Organization）加盟など国際社会への復帰のなかで、2002年にQFII制度が設置されたように、資本市場の対外開放を迫られてきた経緯がある。この時点では、中国当局は投資制度こそ設けたものの、制度自体が抑制的な枠組みとなっており、外圧

図表2-1　中国本土資本市場への投資手法

	QFII (2002)	三類機構 (2010)	RQFII (2011)	滬港通 (2014)
目的	←―――――――――― 資本市場の対外開放 ――――――――――→			
		←―――――― 人民元国際化への対応 ――――――→		
通貨	（原則）米ドル	人民元	人民元	人民元
市場	①取引所市場 ②銀行間債券市場	銀行間債券市場	①取引所市場 ②銀行間債券市場	取引所市場
認可当局	①CSRC、SAFE ②CSRC、SAFE、PBOC	PBOC	①CSRC、SAFE ②CSRC、SAFE、PBOC	不要
認可対象	個社	個社	国＋個社	―
認可状況	①295社、806億米ドル ②36社	111社 （金額非開示）	①193社、4,715億元 ②66社	―
主な規制	投資限度額 （上限／下限） 回金規制 アロケーション制約	業態の限定 （事実上の回金規制）	投資限度額 回金規制	―

(注)　②は①の内数であり、取引所市場参加者のうち、銀行間債券市場にも参加可能な社数。
(出所)　国家外貨管理局、上海清算所、中国人民銀行より筆者作成

に強いられた対外開放との色彩が強いように思われる。

　一方、その後、人民元国際化が中国の国策として進展するなか、蓄積が進むオフショア人民元の運用手段を確保するため、三類機構やRQFIIといった投資制度が追加的に設けられた。特に2015年は、5年に一度の国際通貨基金（IMF、International Monetary Fund）の特別引出権（SDR、Special Drawing Rights）の見直しの年であり、人民元のSDR入りに関し、その「貿易の量」と「取引の自由度」が問われることとなった。資本市場の対外開放は、「取引の自由度」を示す有力な要素であり、人民元のSDR入りを目指した取組みのなかで、2014年には、滬港通のような認可を排除した枠組みも導入されたようだ。各種投資制度は、人民元国際化のなかで、より積極的な意味合いをもつようになってきている。

今後注目されるのは、株式市場の構造改革や債券市場育成との関係であろう。中国の株式市場は個人投資家中心であり、企業業績に即した健全な株価形成が困難との構造問題を抱えている。2015年以降、このような構造問題を背景に、中国の株式市場は乱高下を繰り返す状況にあり、特に2016年初のサーキット・ブレーカー制度導入・停止に伴う混乱は、記憶に新しい。投資制度の緩和により、外国機関投資家が中国株式市場へ参画することが構造問題の解決に好影響を与えることが期待される。また、中国本土の債券市場においても前述のとおり、株式市場と同様に機関投資家の育成が課題となっている状況にある。中国当局の政策を映した投資制度の新たな展開が期待されよう。

(2) QFII制度

a 経　緯

QFII制度制定の直接の契機としては、2001年11月に中国がWTOに加盟したことがあげられる。中国は、WTOの前身である関税及び貿易に関する一般協定（GATT、General Agreement on Tariffs and Trade）の原加盟国であったが、1950年に脱退しており、1986年にあらためて加盟を申請している。WTO加盟は、15年に及ぶ審議が結実したもので、中国の対外開放路線の成果、かつ国際社会への復帰の象徴ということができよう。

中国はWTO加盟にあたり、証券分野の対外開放に関しても、外資系金融機関による出資33％以下での合弁企業の設立などさまざまな約束を行っており、QFII制度は中国の証券市場の対外開放の流れを受け、2002年12月に導入されている。具体的には、『適格外国機関投資家の国内証券投資管理暫定規則』（CSRC、PBOC）、『適格外国機関投資家の国内証券投資外貨管理暫定規定』（SAFE）によるものである。なお、4年間の試行期間を経て、2006年にCSRCより出された『適格外国機関投資家国内証券投資管理弁法』において、運営の明確化が行われている。

QFII制度の制定により、CSRCへの資格申請およびSAFEへの投資限度額（Quota）申請の双方の認可を受けたQFIIは、中国において取引所に上場している債券やA株への投資を行うことが可能となった。A株とは、上海証券取引所および深圳証券取引所で売買される国内投資家向けの人民元建ての株式であり、過去には海外投資家向けのB株も存在していたが、国内投資家のB株投資が認められたことなどを背景に、現在はB株市場への新規上場は行われていない状況にある。

　一方、このタイミングでは、QFIIで投資可能な債券については、取引所上場債券とされ、2015年の債券発行額の約87％を占める銀行間債券市場で取引される債券への投資は、QFIIには認可されなかった。このことは、中国の債券市場の相対的な未成熟さを映じたものであるとともに、株式市場を重視する当局の姿勢を表すものともいえよう。

　QFII認可の第一号は、2003年5月のUBSと野村證券である。以降、商業銀行、証券会社、資産運用会社（ファンド）、保険会社を中心に、認可が進んでおり、2003年12月に認可を取得した日興アセットマネジメントは、資産運用会社として世界初の認可取得事例であった。制度開始当初は、本邦金融機関の積極的な対応がみられた。

　QFII制度は、中国の改革開放路線との文脈においては、外資を活用した上場会社の経営改善（コーポレート・ガバナンスの向上）、個人の短期売買が中心となっている中国の株式市場への機関投資家の関与を強化、長期投資・バリュー投資といったグローバルな投資家の投資手法の導入、といった効果を期待したものと思われる。海外からの市場メカニズムの導入により、経済成長の促進を目指した政策といえよう。

　一方、1990年代後半のアジア通貨危機の反省をふまえ、急激な市場開放による中国国内の経済・金融市場への影響に配慮した激変緩和措置との側面も有している。アジア各国の為替規制と同様に、為替管理のための措置としても評価可能である。

　QFII制度は2002年の制定以来、中国当局の意向を映じ、漸次規制緩和が

図表2−2　QFII制度の規制緩和

	規制緩和の動向
2002年	QFII制度成立（2003年よりパイロット・プログラムが開始）
2005年	QFII投資枠総額の増額（→100億米ドル）
2006年	『適格外国機関投資家国内証券投資管理弁法』による資格条件の引下げ
2007年	QFII投資枠総額の増額（→300億米ドル）
2009年	『適格外国機関投資家の国内証券投資外貨管理規定』制定により、業態に応じたロック・アップ期間の短縮、等の一部の規制緩和が進展
2011年	『適格外国機関投資家の指数先物取引への参加についての通知』において、株式指数先物へ投資対象商品拡大
2012年	QFII投資枠総額の増額（→800億米ドル） 『「適格外国機関投資家国内証券投資管理弁法」の実施に関係する問題に関する規定』により資格条件の引下げ、銀行間債券市場の債券へ投資対象商品拡大　等
2013年	QFII投資枠総額の増額（→1,500億米ドル）
2016年	『適格外国機関投資家による域内証券投資の外為管理規定』による、個社ごとの投資限度額上限の引上げ、投資限度額認可制の基本廃止　等の規制緩和が進展

（出所）　中国証券監督管理委員会、国家外貨管理局等より筆者作成

進展している（図表2−2）。具体的には投資枠総額が段階的に増額されるとともに、2006年には資格条件の引下げ、2009年には一部規制の緩和、2011年には対象商品の拡大などが行われている。特に、2012年には、中国本土の主要な債券市場である銀行間債券市場の債券への投資が認められるとともに、資格条件の引下げ等の規制緩和が行われている。また、2016年には、個社ごとの投資限度額認可において一定の基準未満については届出制が導入されるとともに、最低投資額やロック・アップ期間など、多岐にわたる規制緩和が実現している。2012年と2016年の規制緩和は、特にインパクトが大きいものと思われる。

b 認可状況

QFIIとして認可を受け登録している投資家は304社存在している（2016年10月時点）。なお、QFIIの認可状況は、CSRCのホームページ（www.csrc.gov.cn）で確認が可能である。

QFIIの認可状況は2003年以降、年ごとにばらつきはあるものの、着実に増加している（図表2－3）。特に2011年と2012年はそれぞれ、29社、81社が認可を受けており、登録社数は急増した。一方、2013年以降については、認可件数が減少傾向にある。

投資枠総額については、現状1,500億ドルとなっている。これまでは、個別のQFIIに認可された投資限度額の累計と投資枠総額が近接してくると、投資枠総額の拡大が行われたとの経緯がある。過去においても、2005年と2007年に両者が近接したタイミングがあり、そのつど、投資枠総額の増額が行われている。2012年には投資振興の観点から1,500億ドルまで投資枠総額が拡大したが、当局の期待ほど投資が拡大しなかったことから、足元の投資枠総額は余裕のある状況といえよう。

認可を受けた業態に関しては、QFIIについては、当初は証券会社や商業

図表2－3　QFIIの認可状況

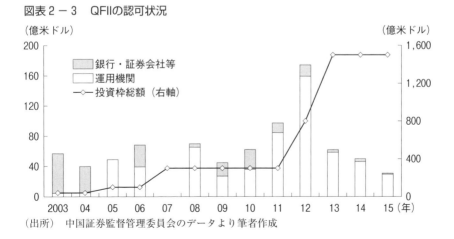

（出所）中国証券監督管理委員会のデータより筆者作成

銀行が多かったものの、2005年頃より運用機関が増加し始め、現在では半数以上を資産運用会社が占めている。背景としては、QFII制度が証券会社や商業銀行などの自己投資に比し、顧客資産を原資としたファンドに対し、より柔軟な規制となっていることがあるだろう。

認可状況に関し特徴的な動きとしては、まず2007年に認可件数がゼロとなったことがあげられる。2007年前後は、国有企業に関する非流通株式改革などの規制緩和や翌年に北京オリンピックを控えていたこと等を背景に、中国の株価が高騰した時期であり、中国当局は、海外投資家へQFIIライセンスを付与し、中国株式市場への投資を拡大するインセンティブに乏しかったものと推察される。

次に2011年および2012年に、QFIIの認可件数が急速に拡大している。中国では、2012年前後に中国株式市場の構造的課題の解消策としてQFIIへの期待が高まった経緯がある。

中国の株式市場は個人投資家中心であり、企業業績に即した健全な株価形成が困難との構造問題を抱えている。このような構造問題を背景に、中国の株式市場は乱高下を繰り返す傾向にあり、たとえば、2015年上期の株式市場の乱高下や、2016年1月のサーキット・ブレーカー制度導入・停止に伴う混乱は、象徴的な事件といえよう。そのような背景をふまえ、国内機関投資家が未成熟であるなか、洗練された海外機関投資家が中国株式市場へ参画することが構造問題の解決に好影響を与えることが期待され、CSRCは郭樹清主席（当時）の指導のもと、2012年前後にQFIIの投資枠総額を段階的に1,500億米ドルまで拡大するとともに、認可が促進された。QFII制度では、アロケーションの制約（投資額の一定割合を株式投資としなければならない）が存在していたが、このような制約からは、QFII制度の海外投資家による中国株式投資拡大振興策としての側面が認められる。

なお、2013年以降、QFIIの認可が減少傾向にあるのは、2011年にRQFII制度が整備されことが背景にある。RQFII制度に関しては後述するが、2011年に初めて香港でRQFII制度が導入され認可が拡大するとともに、2013年よ

図表2−4　QFIIとRQFIIの認可状況

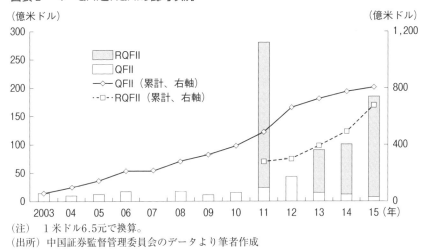

(注)　1米ドル6.5元で換算。
(出所)　中国証券監督管理委員会のデータより筆者作成

り欧州を中心に世界各国へRQFII投資枠の付与が急速に拡大したことを受け、QFIIを上回るペースで海外機関投資家によるRQFIIの認可が広まっている。2014年以降については、韓国の投資家の積極的な取組みがRQFIIの認可拡大に貢献している。なお、認可累計額は、まだQFIIがRQFIIを上回っているものの、急速にその差を縮めている状況である（図表2−4）。

c　制度の概要

以下では、QFII制度で定められた投資スキームにつき、主として2012年と2016年の規制緩和の動向もふまえながら説明したい。

(i)　**資格要件**

QFII制度への参加者は、業態に応じた資格要件が定められている。その他の投資家は、具体的には年金基金、慈善基金、信託、ソブリン・ウェルス・ファンド（SWF、Sovereign Wealth Fund）などが想定されている（図表2−5）。

資格要件として、設立年数や運用資産等の規模が制約されていることは、

図表2－5　QFII制度の資格要件

	設立年数	運用資産	その他
資産運用会社	2年以上	5億米ドル以上	―
保険会社	2年以上	5億米ドル以上	―
証券会社	5年以上	50億米ドル以上	純資産　5億米ドル以上
商業銀行	10年以上	50億米ドル以上	Tier 1　資本3億米ドル以上
その他	2年以上	5億米ドル以上	―

（出所）　中国証券監督管理委員会より筆者作成

　中国の証券市場への参入を健全かつ大規模な外国機関投資家に限定することが市場の安定に資する、との中国当局の判断に基づくものと思われる。資格要件を設けることで、業歴が浅い、もしくは中小の外国機関投資家が、QFII登録から排除されるとの効果が期待されていたものと考えられる。

　資産運用会社、具体的には投資信託・投資顧問会社は、本来であれば投資に関する指図を行う立場であり、投資資産の保有名義は、資産の受託を行う信託銀行となる。一方、QFIIへの登録はあくまで投資信託・投資顧問会社名義で行うこととなる。このことは、通常の海外市場への投資とは異なる点として認識する必要があろう。

　なお、資格要件に関しては、2012年の規制緩和において大幅に緩和されている。たとえば、2012年までは資産運用会社のQFII資格取得に必要とされる運用資産は50億ドル以上であったが、2012年以降は10分の1に引き上げられ、5億ドル以上となった。

(ⅱ)　**投資対象商品**

　次に、投資対象商品であるが、現状、以下の商品への投資が認められている。中国本土の資本市場の成熟度合いに応じ、漸次投資対象商品が拡大しており、たとえば、2012年には銀行間債券市場で取引される債券が対象に追加された。今後は、レポ取引や金利スワップといったさまざまな運用手法の活用が課題であろう。

〈投資対象商品〉
・証券取引所において上場された株式、債券、新株予約権
・投資信託
・株式指数先物（2011年より）
・銀行間債券市場で取引される債券（2012年より）

(iii) **外国為替管理**

　中国においては、人民元国際化との政策をふまえ、外国為替管理規制の緩和が進展しているが、一方、国際収支の均衡や中国経済の健全な発展といった観点から、元転や外貨流出入に対する規制は引き続き重視されている。完全な自由化には、まだ時間を要するものと思われる。そのようななか、QFII制度においても、投資限度額、送金やロック・アップ期間についての規制が存在している。外国為替管理の重要性をふまえ、昨今のQFII規制の緩和においても、相当程度規制緩和は進展しているものの、この部分の規制は完全撤廃には至っていない状況である。

●投資限度額（Quota）

　外国為替管理の観点から、QFIIごとの投資限度額（Quota）が定められている。また、QFIIごとの投資限度額はSAFEより認可を受けることが必要である。

　なお、投資限度額規制の実効性を担保するため、投資限度額の認可を受けた後の送金の期限や、送金期限経過時点で投資限度額相当の送金を行っていない際の最低投資限度額などが定められていたが、2016年の規制緩和において撤廃されている。

　投資限度額は、2016年の改正以前については、最低5,000万米ドル──最高10億米ドルの間で個別認可に基づき決定されていた。一方現在は、最低2,000万米ドル──最高50億米ドルの間で、認可対象の資産規模・管理資産規模に応じ一定の算式に基づき「基礎額」が算定され、届出を行えば認可されることとなった。なお基礎額を超える投資に関しては、「超過枠」としてSAFEより個別認可を受ける必要がある。

なお、SWF、中央銀行および通貨当局の投資枠はその資産規模比例の制限を受けず、投資ニーズにあわせて投資枠を取得することとなる。
〈基礎額の算定〉
・資産（または管理下にある資産）の大部分が中国国外にある場合
　1億米ドルに、過去3年における平均資産規模の0.2％を加え、承認ずみのRQFII（米ドル換算）を控除した金額
・資産（または管理下にある資産）の大部分が中国国内にある場合
　50億元相当に、過去1年における平均資産規模の80％を加え、承認ずみのRQFIIを（米ドル換算）を控除した金額

　投資限度額の追加については、認可を得てから1年以内は原則申請を行うことができなかったが、現在はそのような規制は撤廃されている。また、投資限度額は人民元建てではなく米ドル建てで管理されるため、QFIIが海外から中国本土に対して行う送金は、原則米ドル建てで行うこととなる。

　なお、QFIIに対しては、過去は投資限度額の認可を受けた後の送金についても規制が存在していた経緯がある。具体的には、投資限度額の認可を得たQFIIは、承認日から、準備期間として位置づけられる6カ月以内に投資元本を送金する必要があった。投資枠のみ獲得し、実際の投資が行われないといった事態を回避することを目的とした規制であり、投資限度枠規制の実効性確保を意識したものである。なお、2016年の規制緩和においてそのような規制は撤廃されている。

　また、以前は、期限までに投資限度額の全額を送金できない場合は、期限経過後の送金についてSAFEの承認を要するとともに、投資限度額には到達しないものの、2,000万米ドル以上の送金が行われていた場合については、QFII資格の取消しには至らず、一定期間経過後、投資限度額が送金金額まで削減されることとなっていた。すなわち、2,000万米ドルが実質的な最低投資額として意識されてきた経緯がある。たとえば、投資信託・投資顧問会社がQFII資格を取得し、A株（およびその他の資産）を対象資産とした投信等を組成する場合には、ファンドの総額が2,000万米ドルに至らないケース

や、換金に伴う回金等により、2,000万米ドルを維持できないケースもあるものと思われる。このような場合、投資信託・投資顧問会社は、実質的な最低投資額である2,000万米ドルを確保するため、自己投資による投資元本の維持が求められていた。一方、現在、上記のような最低投資限度額規制は撤廃されている。

最低投資限度額規制は、QFIIに対し中国の資本市場への自己資金の活用を含めた継続的なコミットを促す仕組みといえ、傍ら、退出を抑制する効果も期待されていた。当該規制の撤廃は、投資家の機動性と自由度を担保する観点で、重要な動きといえよう。

●ロック・アップ期間

QFII投資においては、投資元本の回金が禁止される期間（ロック・アップ期間）が設定されている。以前、元本金額の送金（国外→中国）日から起算し、業態ごとに3カ月または6カ月と定められていたが、2016年の規制緩和により、投資元本が2,000万米ドルに到達した時点より起算し、業態を問わず3カ月間と一部短縮化された。

●回金規制

QFIIは、ロック・アップ期間後であれば、投資金額および収益を、期間、回数を分けて海外送金することができる。ただし、毎月の累計海外送金額は、前年末の総資産の20％を超えることはできない。なお、本国への回金については、外国為替管理の観点から、SAFEの承認が前提となっている。従前であれば、最低投資額である2,000万米ドルのみ投資を行っている場合、投資枠を維持するために、回金は事実上不可能であったが、2016年の規制緩和により最低投資額規制は撤廃され、そのような懸念はない。ただし、QFII投資枠の利用状況は中国当局による定期的なモニタリング対象となることから、継続的な投資ニーズが存在するのであれば、一定程度の残高・取引の維持は必要であろう。

なお、オープン・エンド中国ファンドについては、例外として、毎月の海外送金額が前年末の元本の20％を超えない範囲であれば、日次で本国への回

金を行うことができる。オープン・エンド型中国ファンドとは、海外において公募により設立・組成されたファンドであり、70％以上の資産が、中国におけるオープン・エンド型投信に投資されるものをいう。2016年以前は週次での回金が認められていたが、日々解約・設定が行われるファンドとの資金の性質をふまえれば、問題のある状況であった。今般の規制緩和により、利便性が向上し、機動的な運用を可能としたことになる。

●アロケーションの制約

QFIIはその投資資産の50％以上（ファンド投資の場合は70％以上）を株式に投資すべきことが求められており、また、現金については20％未満の保有しか許されていなかったが、2016年9月に、CSRCはそのようなアロケーションの制約に関する窓口指導を撤廃するとの指示を出している。今後の動向には注視が必要である。

株式への一定割合の投資を義務づけていたことは、当然に、株式市場の活性化への効果を期待したものと思われる。この点については、特段明文の規定があるわけではなく、QFII認可取得時にCSRCに提出する投資計画書において、CSRCの指導に基づき織り込まれている状況であった。なお、現金については、具体的にはカストディ銀行の人民元特殊預金口座へ預金されることとなろう。一方、当該口座はあくまで流動性預金であり、定期性預金による運用は認められていない。

また、本件趣旨にかんがみ、50％以上を求められる株式への投資に関しては、個別株のみならず、上場投資信託（ETF、Exchange Traded Fund）も活用されていたようだ。QFII枠取得においては、個別株への投資がハードルとして意識されるケースも多いが、個別株への投資が困難な場合、ETFでの代替の可能性につき、CSRCおよびカストディ銀行と調整を行う余地もあろう。

d　認可プロセス

(i)　プロセスの概要

QFIIの認可手続は、大きく以下の3つのプロセスから構成され、プロセスの終了後、上海証券取引所および深圳証券取引所へ報告を行うこととなる。

① CSRCよりQFII資格を取得
② SAFEより投資限度額を取得
③ 口座開設および送金

一連の認可プロセスは、過去には認可取得までに2年程度を要していた時期もあったが、手続の迅速化・簡素化が進展しており、現在はそれほど時間を要することはないようだ。

① CSRCよりQFII資格を取得

CSRCへの申請は、カストディ銀行（後述）を通じて行われる。なお、申請書類については、以下のとおりである。

・申請書
・主要責任人員基本状況表
・投資計画書
・資金源に関する説明書
・最近3年間の監督機関等から重大な処罰の有無に関する説明
・所在国における営業許可証（写し）
・所在国における金融業務許可証（写し）
・カストディ銀行への委任状
・最近1年間の監査済財務諸表
・CSRCの要求するその他の文書

最近1年間の監査済財務諸表については、かつては3年分が要求されたが、2012年の規制緩和において1年分へと負担軽減が図られている。なお、提出方法としては、CSRCの定めるホームページを用いた電子申請と書面で

の提出の双方が求められている。CSRCは、申請書類を精査したうえ、提出から20日以内にQFII資格付与に関する判断を行うこととなる。

　判断においては、資格条件等はもちろんであるが、以下のような点も考慮されると考えられる。
・長期投資家（SWF、年金基金など）を優先、また、地域分散の観点から、新たな国・地域からの申請が優先される
・同一持株会社傘下のグループ企業であっても、QFII認可の取得において特段の制約はない（別会社としての取扱い）

　長期投資・バリュー投資が奨励されるとともに、投資計画に基づいた投資を行うことも求められ、健全な長期投資家に対しては、投資限度額の追加にあたり、優先的な取扱いが行われる。なお、QFII資格の付与は、中国の経済情勢や国際収支、債券市場の状況をふまえて行われるものであることについてはいうまでもない。

　なお、グループ内で複数のQFII認可を取得する場合、CSRCは過去には同一グループ内で1社のみQFII資格を認めていた経緯があるが、上述のとおり現在はそのような制約は存在しない。

② SAFEより投資限度額を取得

　CSRC同様、SAFEへの申請についても、カストディ銀行（後述）を通じ行われる。なお、申請書類については以下のとおりである。
・QFII概況書
・資金源に関する証明書
・投資計画書
・ロック・アップ期間遵守の誓約書
・SAFEの定める登録書
・CSRCからのQFII資格証明書（写し）
・カストディ銀行への委任状
・SAFEの要求するその他の文書

　SAFEへの申請対象となる投資限度額（Quota）については、前述のとお

りである。

③　口座開設および送金

　QFIIは投資のための資金決済口座として、カストディ銀行にQFIIの名義で、①外貨預金口座、および②人民元特殊預金口座、を開設する必要がある。なお、人民元特殊預金口座の開設においては、PBOCの認可を要する。外貨預金口座については、QFII制度における投資限度額管理が原則米ドルベースで行われることから、米ドル送金の受け皿として開設を要するものである。一方、双方の口座がカストディ銀行に集約されている結果、元転（もしくは回金時の米ドル転）は、カストディ銀行で行われることが一般的と思われる。なお、人民元特殊預金口座は、非居住者であるQFIIが証券投資のために中国国内の銀行に開設する人民元預金口座であり、その他の預金とは分別して管理される。また、ユーロ、円、香港ドル、ポンドでの取引が可能だが、投資枠管理においては、所定の換算テーブルに基づき米ドルベースで管理を行う必要がある。

　カストディ銀行での資金決済口座開設に続き、QFIIの名義で証券決済機関に証券口座を開設する必要がある。具体的には、中国証券登記結算有限責任公司（CSDC、China Securities Depository and Clearing）の上海支店と深圳支店が、取引所取引に関する証券決済機構となる。それぞれに証券口座を開設するため、QFIIは、カストディ銀行経由で必要書類の提出を行うこととなる。

　なお、銀行間債券市場において取引される債券については、店頭取引で行われるものであり、証券決済については、上海清算所（SCH、Shanghai Clearing House）もしくは中央国債登記結算有限責任公司（CCDC、China Central Depository & Clearing）で行われることから、債券投資に際しては、証券口座の開設についても追加での対応が必要となろう。

　なお、QFIIは投資に際し、事前に上海取引所と深圳取引所の分配比率を定める必要がある。当該分配比率は取引所ごとの取引の窓口となるブローカー（後述）ごとの割り振りと一致する。当該分配比率はカストディ銀行に

て管理され、上海と深圳をまたぐ取引を行う場合は、カストディ銀行における分配比率の変更手続を要することとなり、機動的な対応はむずかしい面もある。

　QFIIは投資の準備が整った後、カストディ銀行に開設した外貨預金口座に送金を行う。カストディ銀行はQFIIの指示に基づき、すみやかに元転し、外貨預金口座より人民元特殊預金口座への振替えが行われることとなる。現金を20％未満に限定するアロケーションの制約（前述）をふまえれば、人民元特殊預金口座における滞留余地も限定的と思われる。なお、QFIIは、送金後の処理も勘案し、事前準備を行ったうえで対応する必要があろう。

(ii)　**銀行間債券市場での債券投資について**

　2012年の規制緩和により銀行間債券市場の債券がQFIIの投資対象に追加された。PBOCは同年の『中国人民銀行によるQFII投資家の銀行間債券市場における関連事項に関する通知』において、投資へのプロセスを定めており、上記の手続に加え、以下のような手順が必要となっている。

・決済代理人（ブローカー）の選任
・PBOCへの資格・投資枠申請
・決済機関への口座開設

　上記決済代理人の選任については、銀行間債券市場において受託業務が可能な「甲類資格」を要し、同資格を有する商業銀行の就任が想定されている。甲類資格を有する商業銀行を決済代理人として銀行間債券市場へアクセスするとの枠組みは、現在人民元クロスボーダー決済に従事する三類機構（中国本土外の、中央銀行、人民元クリアリングバンク、クロスボーダー人民元決済海外参加銀行）に認められている投資スキームと同様である。なお、決済代理人は商業銀行でありカストディ業務も提供可能であることが想定され、効率性・利便性の観点から、QFII投資におけるカストディ銀行が決済代理人となる蓋然性は高いように思われる。

　また、銀行間債券市場における資格としては、自己投資および受託業務が可能な「甲類」、自己投資が可能な「乙類」、甲類への委託による参加のみが

認められた「丙類」が存在する。QFIIを含む海外の投資家は、「丙類」に該当するものと思われる。なお、外資系銀行による甲類資格保有は、現状きわめて限定的である。

e 関 係 者

以下では、QFII投資関係者につきカストディ銀行とブローカー（証券会社）を中心に解説する。QFIIにおける投資スキームにおいては、制度上、カストディ銀行やブローカーを選定する必要があり、また、資産運用会社などは、現地の資産運用会社等にアドバイスを受けるケースも多いものと思われる。以下では、まず、投資スキームの関係者と、役割、制度上の位置づけについてみていきたい。

(i) カストディ銀行

QFIIとして中国本土で投資を行うため、外国機関投資家は、中国本土において証券決済を行うカストディ銀行を選任することが必要である。カストディ銀行はQFIIより委託を受け、CSRCへのQFII資格の申請や、SAFEへの投資限度額の申請を行うとともに、証券口座・資金決済口座の開設や、送金の手配を行う。また、期中の当局・QFIIへのレポーティングも重要な業務である。なお、カストディ銀行によっては、実質的にQFII資格取得や口座開設等に関するアドバイザリー・サービスを提供するケースもあるようだ。

カストディ銀行は資金決済を行うために、中国現代化支払システム（CNAPS、China National Advanced Payment System）などの資金決済システムにアクセスする必要がある。ただし、カストディ銀行が決済システムへアクセスできない場合は、資金決済銀行を別途設け、資金決済銀行を経由して決済システムへアクセスを行うこととなる。CNAPSとは、PBOCが運営する資金決済システムであり、決済の安全性を高める、即時グロス決済（RTGS、Real-Time Gross Settlement）での処理が可能となっている。なお、銀行間債券市場の債券決済においても用いられており、証券決済機関とのリンクにより、資金と証券の決済を相互に条件づけして決済の安全性を高める

仕組みであるDVP（Delivery Versus Payment）の仕組みも構築されている。カストディ銀行によっては、海外のカストディと同様に、国際銀行間通信協会（SWIFT、Society for Worldwide Interbank Financial Telecommunication）ベースでのSTP（Straight Through Processing）化が行われているケースや、コーポレート・アクションの還元機能などを有するケースもあるようだ。

　また、カストディ銀行には、当局とQFIIをつなぐ役割が期待されている。CSRCなどの関係中国当局は、主要なカストディ銀行を集め、定期的にミーティングを実施しており、QFIIの意向の集約等を意識して、制度運営に関する意見交換等を行っているようだ。海外証券投資における現地のカストディアン（サブ・カストディアン、もしくはローカル・カストディアン）は、投資家が直接選任するよりは、海外証券投資を仲介するグローバル・カストディアンが選任するケースも多いものと思われるが、QFIIによる中国投資においては、制度上、外国機関投資家が直接中国におけるカストディ銀行を選任することが求められている。よって、グローバル・カストディアンを介さずにQFIIと中国のカストディ銀行がやりとりを行うケースも相応にあるようだ。このような枠組みとなっている背景としては、中国当局が外国に所在するQFIIの管理手法として、国内のカストディ銀行を介した管理を指向していることがあげられよう。たとえば、QFIIに課せられる各種制約への違反は、当然QFII自身が責めを負うものであるが、カストディ銀行においては一定のモニタリングを行い、必要に応じ警告を発することが、一般的となっているようだ。中国当局の窓口として、中国の投資制度におけるカストディ銀行の役割は、投資家・中国当局の双方にとって重い。なお、カストディ銀行の変更は法制度上も可能となっており、実際、変更事例もあるようだ。

　QFIIのカストディ銀行の資格については、外資系・中資系の19の銀行が資格を有している（2016年10月末より不変）。カストディ銀行業務の遂行にあたっては、中国における証券決済機関や資金決済システムへのアクセスが前提となるとともに、証券決済や中国の法規制、外国為替管理等を熟知したう

図表2−6　QFIIカストディアンのシェア（投資限度額ベース）

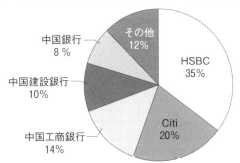

（出所）　中国証券監督管理委員会のデータ（2016年3月18日）より筆者作成

えでの対応が求められる。なお、香港上海銀行（HSBC、The Hongkong and Shanghai Banking Corporation）（中国）、Citi（中国）、中国工商銀行、中国建設銀行、中国銀行の主要5行で、80％超のシェアを有している（図表2−6）。このことは、国際的なカストディ業務大手としてのノウハウや中国当局との関係、および海外市場における投資家とのリレーションや先行者メリットが反映されているものと考えられる。

(ii)　ブローカー

　外国機関投資家は、A株取引のため、上海証券取引所および深圳証券取引所においてそれぞれ1社以上のブローカー（ローカル・ブローカー）を定める必要がある。複数のブローカーを選定する場合は、関係者の事務・システム対応などをふまえ、慎重に判断する必要があろう。具体的には、ブローカーにおいて取引の全体像を把握することは困難となり、合算管理による投資枠との平仄確保等の観点から、カストディ銀行により実効性のある管理が行われることが重要と思われる。なお、株式におけるブローカーは、証券会社となる。総合的に業務を行う証券会社は通常QFIIブローカーに就任可能であり、一方、たとえば、業務制限のある外資系金融機関との合弁証券がQFIIブローカーとなることは、現状できない。ブローカーは、QFIIの指示に従い取引を執行するとともに、QFIIに対する情報提供や、QFIIと連携し

コーポレート・アクションへの対応等も行う。

　また、銀行間債券市場における債券投資に関しては、上述のとおり、銀行がカストディ銀行とともに、決済代理人としてブローカーの役割を果たす蓋然性が高いものと思われる。銀行間債券市場における債券投資を行う際は、複数のブローカーが設置される可能性もあり、カストディ銀行における合算管理の重要性は高い。

(iii) **資産運用会社**

　海外に所在するQFIIが、中国本土の市場動向や保有株式に関する個社動向を精緻かつタイムリーに把握することは困難と思われる。QFIIのなかには、中国本土の資産運用会社がアドバイザリーに就任するケースや、一部業務のアウトソースを行うケースも、相応に存在するようである。

f　投資スキーム

　以下では、QFIIの投資スキームにつき解説する。なお、現在のQFII制度の活用の大多数を占めるA株投資を前提に説明するが、銀行間債券市場への投資においても、カストディ銀行が決済代理人として、ブローカーの役割を兼ねるなど、関係者の違いなどはあるものの、本投資スキームとほぼ同じ枠組みが適用される。また、三類機構やRQFII制度も同様である。

　QFIIは、海外に所在することから、取引は中国本土のカストディ銀行およびブローカーを介して行うこととなる。具体的には、カストディ銀行を通じて証券決済（証券および資金決済）を行い、ブローカーを通じて取引所（債券取引においては取引の相手方）へアクセスすることになる（図表2－7）。以下、株式取引を前提に取引フローを概観する。

(i) **取引フロー**

　QFII投資において想定される取引フローは以下のとおりである。

① 資金残高の確認：カストディ銀行は、取引前にQFIIおよびブローカーへ資金残高を通知
② 発注：QFIIは、ブローカーへ取引を発注

図表2－7　QFII投資スキーム

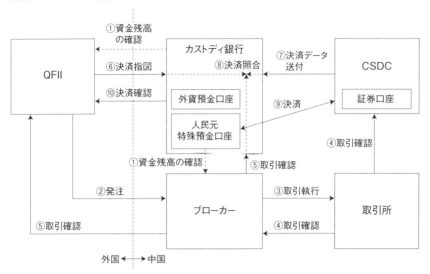

（出所）　筆者作成

③　取引執行：ブローカーは、QFIIの発注に基づき取引所と取引を実施
④　取引確認：取引所は、ブローカーおよびCSDCへ取引確認を通知
⑤　取引確認：ブローカーは、QFIIおよびカストディ銀行へ取引確認を通知
⑥　決済指図：QFIIは、発注内容と取引確認を照合し、カストディ銀行へ決済を指図
⑦　決済データ送付：CSDCは、カストディ銀行へ決済データを送付
⑧　決済照合：カストディ銀行は、取引確認・決済指図・決済データの照合を実施
⑨　決済：カストディ銀行は、CSDCと決済（証券・資金）を実施
⑩　決済確認：カストディ銀行は、取引明細、資金残高等をQFIIへ報告

(ⅱ)　**決済サイクル、フェイル**

　取引所取引（A株、債券）における決済サイクルは、証券決済がT＋0、

資金決済がT＋1となっている。具体的には、証券決済（売方から買方への証券口座間の振替え）はT日の夕方に行われ、資金決済（買方から売方への資金の付替え）については、翌日（T＋1）に行われることとなる。証券決済が行われた場合、買方に対し取消不能の支払義務が発生する。

なお、証券決済には4つのパターン（即時、先渡し、後払い、End of Day）が存在し、取引所市場の債券はネットで、銀行間債券市場の債券はグロスで決済される。QFIIの取引フローは、事前照合（Pre-match）による決済リスク低減が前提となっており、フェイル発生の可能性は限定的といえる。実際、中国ではフェイルは容認されておらず、これをふまえ、対応のための市場慣行も形成されている。フェイルが懸念される事象が生じた場合でも、取引自体は実行される。対応のため、QFII、カストディ銀行、ブローカー間で協議が行われ、必要な処置が検討されることとなる。具体的には、「巻き戻し（Unwind）」は行われず、たとえば「買い過ぎ」の場合は、いったん売買は成立し、余剰分（買い過ぎ分）をブローカー経由で売却することとなる。なお、損失が生じた場合は、原因となったミスを犯した主体が負うこととなる。なお、このような事態に備え、事前に関係者で契約（覚書）を締結するケースもあるようだ。

g 参加者の動向

次に参加者の動向について確認するが、実投資額の把握はできないことから、投資限度額の認可状況をふまえ分析したい。

地域別では、アジアが56％と過半を占める状況にある（図表2－8）。なお、本件集計はQFII認可対象となっているリーガル・エンティティの所在国に基づくものであり、たとえば、欧州や米国の投資運用会社の香港現地法人などは、香港を所在国としてアジアに計上されることとなる。

次に国・地域別では香港がトップとなっている。香港のシェアには上述のとおり欧米の資産運用会社の香港現地法人が含まれており、中国本土投資のゲートウェイとしての香港の優位性が現れているものと思われる。なお、台

図表 2 - 8　地域、国・地域別のQFII認可状況（投資限度額ベース）

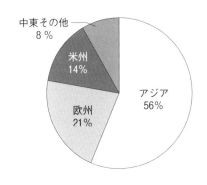

	国	シェア（%）
1	香港	21
2	台湾	12
3	米国	10
4	英国	8
5	シンガポール	8
6	韓国	6
7	カナダ	4
8	日本	3
9	アブダビ	3
10	ノルウェー	3

（出所）　国家外貨管理局のデータ（2016年3月18日）より筆者作成

湾や韓国については、各国・地域の資産運用会社や保険会社などが中心となっている点は、これらの国・地域における中国本土資本市場への興味の高まりを示すものとして、注目すべきであろう。

　QFIIのうち36社が、PBOCの認可を得て銀行間債券市場へ参画している。全295社のうち12％である（2016年3月18日現在）。なおRQFII制度においては193社中66社（2015年12月24日現在）と、36％が銀行間債券市場に参画している。QFIIとRQFIIの銀行間債券市場への参画状況の差の背景としては、QFIIが上述のとおりA株市場の活性化との中国当局の目的を映じ、一定程度の株式投資が必要とのアロケーションの制約が存在したことから、主として株式投資を目的とした投資家が参画しているのに対し、RQFII制度については、そのような制約が存在しないことが指摘されよう。

　QFIIによる銀行間債券市場への参画においては、社数ベースで36％を占める台湾の投資家の存在感が大きい（図表2-9）。台湾は経常収支が黒字かつ金融資産の蓄積が進展する一方、投資先が限られるため、海外投資ニーズが高い構造を有している。これまで台湾政府は機関投資家の海外投資に関し

図表2−9　QFIIの銀行間債券市場への参画状況（社数ベース）

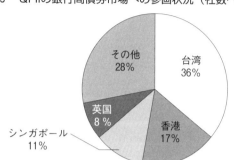

（出所）　中国証券監督管理委員会のデータ（2016年3月18日）より筆者作成

ては、経済の安定の観点より保守的なスタンスをとってきたが、近年は規制緩和により、宝島債（台湾で非居住者が発行する債券）市場の拡大や、QFII制度を活用した中国本土債券市場への投資拡大などの取組みが行われている。

　本邦金融機関に関しては、19社がQFII認可を取得している（図表2−10）。ただし、銀行間債券市場への投資に関するPBOCの認可については、取得実績はない。QFII制度開始時については、証券会社や銀行の自己投資が中心であった。一方足元はA株ファンドを運用する資産運用会社による活用が多い状況である。

(3) 三類機構

　QFII制度成立の後、2010年8月にPBOCは『国外の人民元決済銀行等の三種類の機構による銀行間債券市場での人民元投資運用の試行に関する事項についての中国人民銀行の通知』（銀発［2010］217号）において、三類機構による中国の銀行間債券市場への投資を認めている。

　三類機構とは、①国外の中央銀行あるいは通貨当局、②香港、マカオの人民元業務決済（清算）銀行、③クロスボーダー貿易人民元決済の国外参加銀行、を指し、これらに該当する海外の金融機関等に対し、PBOCが資格と投資枠を認可するものである。

図表2−10 本邦金融機関のQFII資格取得状況

	会社名	取得時期
1	野村證券	2003.5
2	日興アセットマネジメント	2003.12
3	大和証券キャピタル・マーケッツ	2004.5
4	第一生命	2005.12
5	みずほ証券	2006.9
6	三井住友アセットマネジメント	2006.9
7	大和証券投資信託委託	2008.9
8	三菱UFJモルガン・スタンレー証券	2008.12
9	三井住友信託銀行	2009.6
10	野村アセットマネジメント	2009.11
11	DIAMアセットマネジメント	2010.4
12	新光投信	2011.11
13	明治安田アセットマネジメント	2012.2
14	三井住友銀行	2012.2
15	東京海上アセットマネジメント	2012.3
16	岡三アセットマネジメント	2012.3
17	みずほ投信投資顧問	2012.4
18	三菱UFJ国際投信	2012.6
19	大和住銀投信投資顧問	2012.11

(注) 会社名は当時のもの。
(出所) 中国証券監督管理委員会のデータ（2016年3月18日）より筆者作成

　QFII制度において中国の主たる債券市場である銀行間債券市場への投資が認められたのは、2012年以降であり、銀行間債券市場へのアクセスについては、三類機構が先行することとなった。背景としては、取引所や証券会社を所管するCSRCと、銀行間債券市場や銀行を所管するPBOCの分掌範囲の

違いが指摘されよう。

　三類機構は、人民元国際化を背景に、香港を中心にオフショア人民元預金の滞留が進展するなか、そのような預金の受け皿として、限定的に中国本土の債券市場における投資を認めるものといえよう。そのような意味では、オフショア人民元を原資とする投資であることから、人民元建てでの投資であるとともに、投資枠に関してはあくまで各金融機関等におけるオフショア人民元の蓄積の範囲内にとどまるものであり、中国の証券市場の対外開放が進まないなかで人民元国際化にも配慮した、限定的な投資スキームとして評価されよう。

　なお、PBOCは2015年7月、『国外中央銀行、国際金融組織、ソブリン・ウェルス・ファンドによる人民元を運用した銀行間市場への投資の試行に関連する事項についての通達』（銀発［2015］220号）において、海外の中央銀行やSWFなどの銀行間債券市場での投資を認めており、かつ、2016年4月の『国外中央銀行類機構による中国銀行間債券市場への参入業務手引き』および関連問答集において、投資限度額を設けないことや、登録制（届出制）の導入、国外への送金の自由化、などを明確化した。本件は、上述の人民元のIMFのSDR入りの議論が盛り上がるなか、外貨準備としての人民元保有に応じた運用手段提供を目的に行われた措置であるが、目的に応じた限定的な投資スキームとの観点では、三類機構と通底する面もあろう。

(4) RQFII制度

a 制度の概要

　人民元適格外国機関投資家（RQFII）は2011年12月より導入された制度であり、CSRCとSAFEの認可を要するQFII制度とほぼ同様の枠組みであるが、これらの前提として、PBOCが各国・地域別に投資枠を付与するという、3段階の認可態勢となっていることが特徴であろう。なお、中国の主要な債券市場である銀行間債券市場の債券への投資に関しては、QFII制度と

同様に、別途PBOCからの認可が必要となる。また、QFII制度にみられた投資アロケーションに関する規制については、RQFII制度の設置当初は、A株等を20％以下とし債券等を80％以上とするようなアロケーションの制約が設けられていたが、2013年3月にそのような制約は撤廃され、現在は存在しない。

また、米ドル建てが原則となっているQFIIに対し、人民元建てで投資枠の付与や管理が行われることが特徴といえよう。すなわち、オフショアに滞留するオフショア人民元預金の受け皿としての性質を有しており、趣旨については三類機構と共通する部分がある。そのような事情を背景に、RQFII制度に関しては、いくつかの点でQFII制度に比し投資家の柔軟な対応を許容する枠組みとなっているようだ。

b　RQFII投資枠の状況

RQFII投資枠は、制度設置に伴い、まず2011年に香港に付与された。2013年には、中国との経済的なつながりの強さを背景に、台湾やシンガポールといったアジア域内へ付与が拡大した。また、人民元国際化に応じたオフショア人民元市場と関連ビジネスの拡大を背景に、各国は国際金融センターを目指す市場間競争のなかで、次代のプレミアム・カレンシーと目される人民元への取組みを強化しており、国際金融センターとしての地位確保のため、官民連携での取組みを進める英国が、シンガポールと同時期にRQFIIの付与を受けていることは、本件の重要性を示すように思われる。

その後、2014年には習近平国家主席の訪欧をきっかけに、フランス、ドイツなど欧州へのRQFII付与が拡大した。近年は世界各国に付与が拡大している状況である（図表2－11）。

なお、世界各国ではRQFIIにあわせ、人民元クリアリングバンク（コラム2－1）の設置やオフショア人民元建て債券の発行が行われている。国際金融センターをめぐる市場間競争において、各国は人民元建て金融ビジネスへの取組みに力を入れており、RQFII、人民元クリアリングバンク、オフショア人民元建て債券の「3点セット」は、取組みの証左とみられている。

図表2-11 RQFII投資枠付与の状況

	投資枠（億元）	付与時期
香港	2,700	2011.12
台湾	1,000	2013.1
シンガポール	1,000	2013.10
英国	800	2013.10
フランス	800	2014.3
ドイツ	800	2014.7
韓国	1,200	2014.7
カタール	300	2014.11
カナダ	500	2014.11
オーストラリア	500	2014.11
スイス	500	2015.1
ルクセンブルク	500	2015.4
チリ	500	2015.5
ハンガリー	500	2015.6
マレーシア	500	2015.11
タイ	500	2015.12
UAE	500	2015.12

（出所）報道（2016年3月末）等より筆者作成

RQFIIと人民元クリアリングバンクは中国当局から付与されるものであり、金融ビジネスのみならず、中国当局との距離の近さを示すものとして、象徴的な意味を有するように思われる。

　次に、各国に付与された投資枠における認可状況を確認したい（図表2-12）。

　RQFII投資枠は上述のとおり各国別に付与されたうえ、現地の金融機関に個別認可されることとなる。各国800億元もしくは500億元程度が通例であ

図表2-12 RQFII投資枠の認可状況

億元	香港	シンガポール	英国	フランス	韓国
投資枠	2,700	1,000	800	800	1,200
認可額	2,700	340	291	206	740

億元	ドイツ	オーストラリア	スイス	カナダ	ルクセンブルク
投資枠	800	500	500	500	500
認可額	60	300	50	18	100

(出所) 中国国家外貨管理局 (2016年3月30日) より筆者作成

る。なお、中国本土への窓口として期待され、オフショア人民元の蓄積や規制緩和で先行する香港に対しては、特例的に2,700億元のRQFII投資枠が認められており、個別金融機関への総額の付与が終了したことから、増枠に向けた交渉が行われているようだ。また、韓国は当初800億元の付与を受けていたが、韓国の金融機関の認可取得に向けた積極的な姿勢を映じ、2015年11月には、1,200億元(+400億元)への増枠が認められている。

なお、米国については、2016年6月の米中戦略・経済対話を受け、香港に次ぐ2,500億元のRQFII投資枠が付与された。

(5) 滬港通

次に、滬港通(フーガントン)について説明する。

中国資本市場の対外開放が進展するなか、2014年11月に滬港通が開通した。滬港通は、上海証券取引所と香港証券取引所を連結することで、A株やH株(香港で上場する中国本土企業の株式)等の上場株式の一部につき、投資総額や1日当りの売買高に関し上限金額(ネット額)が存在しているものの、相互取引を可能とするものであり、直通列車(Through Train)とも称されている。

a　滬港通のスキーム

滬港通は、香港からの上海上場株投資と上海からの香港上場株投資から構成され、それぞれ北行線（North bound）、南行線（South bound）と称されている。

日本の投資家や個人を含む中国本土の非居住者は北行線に参加することで、A株の売買を行うことが可能となった。QFII制度やRQFII制度は、CSRCやSAFEの認可が前提となったが、滬港通においては、そのような個別認可は要さず、香港証券取引所のメンバーとなっている証券会社（ブローカー）に取引口座を開設すれば取引が可能となる（図表2-13）。なお、逆にいえば、既存の取引所のプラットフォームに依存しており、取引所市場、もしくは取引所上場商品を前提とした枠組みであることから、たとえば、中国本土の銀行間債券市場の債券に直接投資することはできないこと等には留意

図表2-13　滬港通の投資スキーム

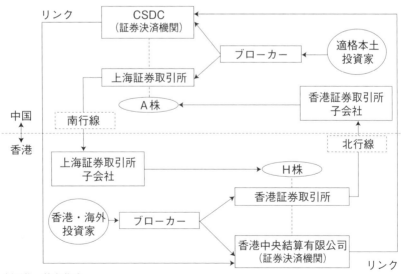

（出所）筆者作成

が必要と思われる。また、上述のQFII制度、RQFII制度および三類機構については、現状は個人による活用を前提としていないが、滬港通は個人による活用も可能であることも重要であろう。

投資家がブローカーに行った発注は、証券取引所と相互に設立されたその子会社を介し、A株もしくはH株にアクセスすることとなり、かつ、証券決済の情報に関しても証券決済機関間のリンクを通じ連絡されることとなる。すなわち、投資家は、国内の上場株式と同様に海外の株式を売買することが可能となる。

b 売買の動向

滬港通における売買は当初は北行線が優勢であったものの、2015年以降は南行線の売買も増加しており、足元は拮抗している状況にある（図表2－14）。

北行線については、開始初日となった2014年11月17日には1日当りの投資限度額である130億円に到達した。その後、売買高はやや低調ではあったも

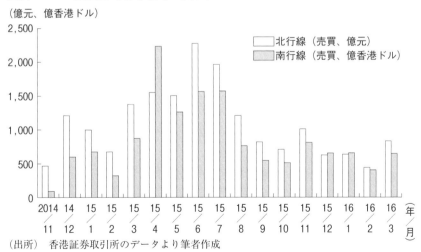

図表2－14 滬港通の売買高推移（月次）

（出所）香港証券取引所のデータより筆者作成

のの、北行線優位の状況（北熱南冷）が続くこととなった。背景として、中国本土の個人投資家のアクセスが制限されていたことや、中国本土では配当・キャピタルゲインが課税対象となっているのに対し、香港では配当・キャピタルゲイン課税がないことを指摘する声もある。

　その後、南行線の売買が拡大し、北行線と南行線が拮抗しつつある。南行線拡大の背景としては、中国本土の規制緩和（投資信託に滬港通の活用を認めたこと、個人の証券口座開設規制の緩和など）や、PBOCの利下げや銀行の預貸比率規制緩和等を受けたA株市場の高騰、その結果としてH株の割安感が増したことによるH株買いの増加などが指摘される。なお、2015年8月以降は、中国本土株式市場の混乱を映じ、低調な推移となっている。

c　税制の明確化

　滬港通導入による制度面の取組みでは、償還差益（キャピタルゲイン）課税の明確化が注目される。滬港通の開通に伴い、非居住者の中国資本市場投資に伴うキャピタルゲインについて、恒久措置ではないものの、非課税となることが明確化された。非居住者に対する非課税措置はグローバルスタンダード（国外に源泉のある所得を課税の対象から除外、非居住者非課税）とも平仄がとれた措置である。

　既存のQFII制度およびRQFII制度の投資においては、キャピタルゲイン課税の取扱いが不明確であった。このことは、中国本土外への回金を制約する要因として意識されてきた経緯があり、海外の投資家がQFII制度やRQFII制度を用いて中国本土資本市場への投資を行うことを躊躇させる原因となっていた経緯がある。滬港通開通においては、その成功のためにこの点を明確化する必要性が認識され、恒久措置ではないものの、非課税との取扱いに至ったものと思われる。なお、本件に伴い2014年11月16日以前のキャピタルゲインに関しては課税との取扱いとなり、QFII制度もしくはRQFII制度を用いた既存の投資につき過年度分の税負担が発生していることには、留意が必要であろう。

d 滬港通の政策的な位置づけ

滬港通の開通により、上海株式市場と香港株式市場は1つの大きな株式市場を形成したとの見方も可能であろう。上海と香港を合計した時価総額は、2015年12月の時点ですでにニューヨーク証券取引所に次ぐ世界第2位であり、今後深圳が合流すると、日本取引所グループ（JPX）の約2倍の規模となる（図表2-15）。

なお、中国は上海国際金融センター構想を推進しているが、上海と香港の金融市場が一体化を強めていくなかで、中国本土の資本市場の開放によるグローバルなマネーフローの変化の結果として、将来的には香港の金融市場の空洞化の可能性にも留意が必要なように思われる。

e 今後の展望

滬港通の今後については、世界各地の証券取引所との相互取引の拡大や、対象商品の拡充が注目される。

世界各地への相互取引の拡大に関しては、すでに深圳への拡大が準備中であるようだ。また、人民元国際化に応じた国際金融センター同士の市場間競

図表2-15 世界の証券取引所の時価総額（2015年12月）

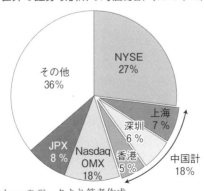

（出所） Bloombergのデータより筆者作成

争が激化するなかで、世界各国で人民元クリアリングバンクの設置やRQFII投資枠の付与、オフショア人民元建て債券の発行という「3点セット」の導入が進展しており、上海証券取引所との相互接続が、第四の取組みとして注目される可能性もあろう。

　なお、対象商品の拡充に関しては、債券の取扱いも重要であろう。先進国の金融緩和により各国の金利が低下するなか、相対的に高金利であり、相応の流動性を有する中国本土の債券市場への投資が注目される可能性は高い。現在海外投資家はQFIIもしくはRQFIIを用いて中国本土の債券市場への投資を行っているが、滬港通の対象商品が債券に拡充された場合、事実上ライセンスが不要となる効果を有している。一方、中国本土の債券市場の約90％は銀行間債券市場にて発行・売買が行われている。銀行間債券市場は店頭市場であり、滬港通が前提とする取引所市場とは「市場が異なる」ことから、既存の滬港通のスキームを用いて銀行間債券市場へ直接アクセスすることは当面は困難である。

　QFII制度においては、順次対象商品が拡大するなかで、銀行間債券市場の債券についても2012年より投資対象となっている。QFIIが銀行間債券市場へ参画するためには、追加的なライセンスの獲得とともに、銀行間債券市場での取引への追加的な対応が求められた経緯があり、滬港通においても、同様の措置が求められよう。銀行間債券市場の対外開放の動向を含め、今後の動向に注目したい。

　また、滬港通の開通や中国本土の資本市場の開放の進展により、モルガン・スタンレー・キャピタル・インターナショナル（MSCI）の新興国株式指数への中国A株の組入れの可能性が注目されてきた経緯がある。MSCIの指数への中国A株の組入れは、年金等の当該インデックスを採用する投資家のA株投資拡大の引き金となる可能性を有している。MSCIの2015年6月9日のプレスリリースによれば、2015年の組入れは見送りとなる一方、組入れに向けた課題解消に関する取組みのためのMSCIとCSRCの検討態勢構築が表明されている。その後、中国株式市場の混乱があったものの、中国サイド

は引き続きMSCIへの組入れに対し強い意向があるものと思われる。2016年についても組入れは見送りとなったものの、今後も動向を注視したい。

(6) 現在の取組み

中国当局は、現在QFII制度の規制緩和や銀行間債券市場を対象とした新たな投資制度の構築を公表している。背景としては、IMFのSDR入りに象徴される人民元国際化の帰結として、取引の自由度を高め海外の投資家に人民元の運用手段を提供するため、資本規制撤廃が求められていることや、為替市場の動向等に応じ、資本流出に応じた資本流入措置を講じる必要が指摘されよう。QFII制度の緩和については、上述のとおりであるが、以下では、2016年2月に公表された中国銀行間債券市場の対外開放方針を紹介する。

PBOCは2016年2月24日に『外国機関投資家による銀行間債券市場への投資に関連する事項のさらなる適切な遂行についての公告』（中国人民銀行公告［2016］第3号、2月17日付）を発表した。

従前は、海外投資家が中国本土の債券市場で投資を行うためには、上述のとおりQFIIやRQFIIといった認可を取得し、さらにPBOCの認可を得る必要があった。一方、本公告では各国で合法的に設立された商業銀行、保険会社、証券会社、資産運用会社等であれば、PBOCへの届出により、中国本土の主要な債券市場である銀行間債券市場での投資が可能となった。本公告は、中国本土債券市場への参入に関する新たな投資制度として注目される。なお、認可要否のほか、本公告では、投資限度額や回金規制などは記載がなく、海外投資家が機動的な投資活動を行いうる余地があることも注目すべきであろう。ただし、本公告においてはPBOCのマクロプルーデンス管理が想定されており、たとえば、資金流出入に関する一定の制約が存在する可能性があることには、留意が必要である。

本公告は、銀行間債券市場への海外投資家の参入促進を企図するものと考えられるが、その背景には2016年2月に上海で行われたG20の存在が指摘される。中国経済の成長鈍化や人民元安が世界経済に与える影響が注目される

なか、G20においては、中国経済の安定化に資する資本規制強化がテーマとなる可能性があった。中国当局は、人民元の国際化を推し進めており、その後退とも解されうる資本規制強化を回避すべく、資本流入促進措置の導入につきインセンティブを有していたように思われる。また、人民元がIMFのSDRの構成通貨として採用されるなか、海外投資家の人民元建て債券への拡大に資する施策とも評価できよう。

なお、本公告による規制緩和に応じた新たなビジネスとしては、銀行や証券会社の自己勘定取引が注目される。現在のQFII制度やRQFII制度は機動的な運用を妨げる各種規制が存在し、中国本土債券市場における非居住者の自己勘定取引は事実上困難である。また、QFIIやRQFIIとして取得した債券は同様の資格を有するQFII・RQFIIとの間でしか売買ができないため、非居住者間での取引もむずかしい状況にある。

本公告が実施された場合、中国銀行間債券市場への投資家の参加は大幅に拡大する可能性がある。その結果、非居住者間での取引が拡大する可能性もあり、中国債券市場における自己勘定取引に興味をもつ銀行や証券会社には朗報であろう。今後の動向に注目したい。

(7) 投資制度の比較

これまでは、中国本土資本市場への各種投資制度を紹介した。各種投資制度は、市場開放やA株市場の活性化、人民元国際化への対応といった中国当局の政策を映じ、構築された経緯がある。特に債券市場に関しては、上述のPBOCの対外開放方針が実現すれば、相当程度自由な取引が可能となる蓋然性が高い。ここからは、上述の各種投資制度をふまえ、本邦投資家が実際に中国の銀行間債券市場への投資を行うことを念頭に、投資制度の比較を行いたい。

人民元建て債券への投資に際しては、①QFII・RQFII等の認可を取得しての直接投資、②香港等のオフショア市場での投資、③中国債券ファンドへの投資、の3つのパターンが存在する（図表2-16）。このうち、②について

図表2-16　投資制度の比較

	①直接投資	②オフショア投資	③中国債券ファンド
商品イメージ	多様な債券	点心債等	—
発行体	ソブリン、コーポレート等	コーポレート中心	—
市場規模	○	△	—
認可	要	不要	不要
人民元調達	QFIIは不要（米ドル）RQFII、三類機構は要	要	不要（円建て）
メリット	市場規模、多様性、流動性	アクセスが比較的容易	アクセスが容易事務・システム対応
デメリット	認可取得制約が多い事務・システム負担	クレジットリスク流動性への懸念事務・システム負担	商品数が乏しい流動性

（出所）　筆者作成

は中国本土債券市場への投資とは言いがたいが、比較対象として例示した。

　市場規模や商品の多様性、流動性等をふまえると、①中国本土債券市場への直接投資が最も優位にあるように思われる。QFIIおよびRQFIIでの投資に関しては、債券のみならず株式への投資が可能なこともポイントであろう。一方、緩和されたといっても認可取得手続を要することや、RQFIIにおいては投資資金として人民元調達が必要となる点はデメリットとなる。

　次に、②オフショア投資に関しては、香港等のオフショア人民元市場において発行されるオフショア人民元建て債券（コラム1-1）に投資を行うものである。オフショア人民元建て債券はユーロ市場におけるユーロ人民元建て債として発行されることも多く、本邦投資家によるアクセスは①に比し容易と思われる。一方、オフショア人民元建て債券は、一部は中国国債や政策性銀行債、世界各国のソブリン銘柄なども発行されているものの、大宗は社債でありクレジット投資が中心となることには留意が必要であろう。なお、①同様に投資のための人民元調達が必要であることも課題であろう。また、本土対比で流動性が乏しいことも、投資検討においてポイントとなる。

なお、①②については、投資家の事務・システムについて人民元建て投資の管理が可能な状態となっていることが前提と思われる。また、上述のPBOCによる中国銀行間債券市場の対外開放方針が実現した場合、①での対応がより容易となる可能性もあろう。

一方、銀行間債券市場の対外開放が実現し認可が不要となったとしても、海外投資家が中国本土の債券市場に参入することは態勢整備等、相応のコストと手間を要することは事実であり、すでに新興国市場への投資ノウハウを有する資産運用会社などが、③中国本土の債券を対象とした中国債券ファンドを組成することも重要となろう。QFII制度など、各種投資制度においては、ファンドの活用を念頭に、ファンドの特性に配慮した回金規制等の緩和が進展している。規制緩和が進展するなか、いまだ対象外となっている個人投資家の活用もふまえ、中国債券ファンドの組成・活用が望まれる（コラム2-2）。

2 投資リスク

債券投資には、さまざまなリスクが存在する。ここでは、債券投資のリスクを概観するとともに、中国本土の債券投資固有のリスクと考えられる点につき整理してみたい。

(1) 債券投資のリスク

債券投資のリスクは、一般的に、①信用リスク、②金利リスク、③途中償還リスク、に大別されるように思われる。なお、外貨建て債券への投資に際しては、①〜③に加え、固有のリスクとして為替リスクが存在する。人民元建て債券投資における為替リスクに関しては、第2章5で詳細を説明したい。

まず、①信用リスクは、債務不履行（デフォルト）リスクであり、債券の

元利払いが予定どおりに行われないリスクを指す。国債や政府関係機関などについては、例外的な事例やケースを除き、相対的にはそれほど問題となることはない。一方、一般事業法人等が発行する社債に関しては、企業の業況に応じ元利払いが困難となるケースも想定され、投資検討において意識するとともに、業況悪化時の売却による損失確定の可能性も念頭に、償還までの業況に関しても一定のモニタリングが必要になるものと思われる。

次に、②金利リスクは、金利変動リスクとも呼ばれ、特に固定利付債の場合に問題となるものである。具体的には、債券発行後に市場金利が上昇した場合、債券価額の低下により時価会計上の評価差損が発生するケースや、長期債券への投資に際し短期での資金調達に際し、短期資金で調達した場合に、市場金利の上昇により短期調達金利が債券の利率を上回り、逆鞘が発生するケースが、典型的と思われる。

最後に、③途中償還リスクは、投資家にとり意図せざるかたちで満期前に償還が行われるものであり、オーバーパー（額面金額より高い水準）で投資を行っていた場合は、償還差損が発生することとなる。また、市場金利が低下していた場合、償還資金を再運用したとしても、当初意図した利回りが獲得できない可能性もある。ただし、途中償還の有無については、債券の商品性においてあらかじめ想定されており、投資家が投資を行う際には、債券の利率および価格に織り込まれることとなる。

(2) 中国本土の債券投資固有のリスク

中国本土債券市場においても、債券としての商品性が変わるものではなく、上述の債券投資に関するリスクは当然に存在している。一方、中国本土債券市場への投資においては、債券投資のリスクに加え、中国での債券投資に固有のリスクにも配慮が必要となる。

a 信用リスク

まず、信用リスクに関し、中国本土におけるデフォルト事情を考えてみた

い。

　過去には中国本土債券市場においては、社債のデフォルトは事実上発生していなかった。具体的には、2012年頃には、デフォルトが懸念される銘柄については、その発行体のメインバンクや出資を行っている地方政府などが、償還資金を提供するケースもあり、信用リスクが顕在化しない状況であった。

　中国における社債の発行体は、そもそも国有企業や地方政府が出資している企業が多く、先進国の企業とはガバナンスが異なる面があり、実際、当初は地方政府や発行体の所在地域を基盤とする商業銀行が、元利払いを支援することでデフォルトを回避してきた経緯がある。この背景には、市場が未成熟であるなか、デフォルトを回避し市場の健全性を維持したい中国当局の意向があったものと思われる。よってこの時期の中国本土債券市場のプライシングは、発行体の信用リスクを明確に反映するものではなかったといえよう。

　過度なデフォルト回避はモラルハザードを惹起しやすい。デフォルトの容認は、モラルハザードを排し、正常なクレジット・スプレッドを社債のプライスに反映させることを意味するものである。中国当局関係者はデフォルト懸念事案の発生以降、債券市場発展の過程ではデフォルトは不可避であるとの認識を有していたものと思われる。

　そのようななか、2013年以降、中国本土債券市場でのデフォルトの現実化が囁かれ、社債の発行において発行体の信用力が問われ始め、社債ごとにクレジット・スプレッドと平均金利との乖離がみられるようになる。中国政府はデフォルトを容認する方向へと政策の舵を切り、2014年3月に太陽光発電関連メーカーである上海超日科技の発行した社債の利払いが停止し、中国本土債券市場における初のデフォルトが発生した。なお、2015年4月には、中国国有資産監督管理委員会が100％出資する軍需企業の中国兵器装備集団の100％出資子会社である変圧器の大手メーカー保定天威集団が利払停止となり、国有企業初のデフォルト事例となった。

なお、信用リスクに付随し、中国本土の債券市場においては、投資家の大宗が商業銀行であることから、債券市場が商業銀行の与信態様から大きな影響を受ける可能性が懸念される。中国当局は間接金融中心の金融構造を背景に、複線的な資金供給チャネルとして債券市場を位置づけているように思われるが、現状は資金の出し手は商業銀行が中心であり、銀行が融資を行えない時期には、同様に債券発行も困難となる可能性が指摘されよう。中国において債券市場が本来の機能を果たすためには、機関投資家の育成が重要と思われる。

b 金利リスク

次に金利リスクについては、中国本土の金融・資本市場はやや未成熟な面があり、市場がやや不安定となる可能性を有していることに留意が必要であろう。

たとえば中国本土では2013年6月には、当時問題とされていたシャドーバンキングへの規制強化を背景とした流動性の逼迫により、PBOCが公表する上海銀行間取引金利（SHIBOR、Shanghai Interbank Offered Rate）の翌日物金利が13％台にまで上昇したケースがあった。また、2016年1月には、香港においてではあるが、PBOCがオフショア市場における人民元安への対処として元買い介入を行ったことを背景に人民元の流動性が逼迫し、香港金融管理局（HKMA、Hong Kong Monetary Authority）が公表する人民元建ての香港銀行間取引金利（HIBOR、Hong Kong Interbank Offered Rate）翌日物の金利が、同じく13％まで上昇することとなった。人民元建て債券市場における投資については、市場の不安定さに起因する金利リスクには十分留意する必要があろう。また各種ヘッジ手法についても十分とはいえない状況であることに留意を要するように思われる。

c 途中償還リスク

最後に途中償還リスクについては、中国固有の要因は特段存在しないもの

と思われるが、金融・資本市場が未成熟ななか、期限前弁済等を内在する複雑な商品性に関し、精緻なプライシングが行われている状況ではないものと思われ、中国固有の事情ではない側面もあるが、プライスの妥当性に関しては、なお検討を要する。

(3) 投資制度に係るリスク

　中国においてはいまだ資本規制が存在し、海外投資家が中国本土の債券市場へ投資を行うためには、第2章1で触れたとおり各種投資制度に基づき行う必要があり、資金の出し入れなどに一定の制約が存在することについては、留意が必要と思われる。

　海外投資家の中国本土債券投資は、中国の規制に従い、QFII制度、RQFII制度、三類機構といった、各種取引制度に基づき行われることとなる。なお、今後は、2016年2月24日にPBOCが発表した『国外機関投資家による銀行間債券市場への投資に関連する事項のさらなる適切な遂行についての公告』（中国人民銀行公告［2016］第3号、2月17日付）に基づく新たな投資制度での対応も重要となろう。

　投資制度の違いによる留意点としては、QFII制度およびRQFII制度においては株式等の取引所上場商品への投資も可能であるが、三類機構や新投資制度においては、あくまでも銀行間債券市場において発行・売買される債券のみが中心となることについては留意を要するように思われる。債券のみならず株式投資を行うことを希望する投資家は、投資に際しQFIIもしくはRQFIIのライセンスを獲得する必要がある。

　なおQFII制度は、米ドル建てでの投資を原則としている。たとえば、本邦投資家が円ベースでQFII投資を行う場合、円を米ドルへと転換し中国へ送金するとともに、現地で人民元建てとし、投資を行うこととなる。複数の通貨が関与することによる複雑な管理については留意が必要であろう。なお、RQFII制度や三類機構においては、人民元建てでの投資が前提となっており、ドルを介する必要はないため、QFII制度に比し、管理は簡素となる。

中国当局の為替政策との関係にも留意が必要であろう。『国外機関投資家による銀行間債券市場への投資に関連する事項のさらなる適切な遂行についての公告』に基づく新たな投資制度においては投資に際しライセンスは不要であり、また、投資規模の制限や回金の制約は設けられておらず、既存の投資制度との比較において、きわめて自由な投資が可能となっている。一方、同時に海外機関投資家の投資行為に関するマクロプルーデンス管理が想定されており、詳細は明らかではないものの、中国当局の為替政策との関係では、まだ不安定な部分を内在しているように思われる。

(4)　その他のリスク

　債券に限らず中国本土資本市場への投資に属するその他リスクとして、税務リスクも存在する。具体的には、従前、中国本土資本市場への投資において償還差益（キャピタルゲイン）に関する課税上の取扱いが不明確であった点があげられる。キャピタルゲインについては、滬港通の開通に従い、開通日（2014年11月17日）以降、非居住者への非課税が明確化された一方、それ以前のキャピタルゲインについては課税扱いとなることになり、投資家は追加での税負担を強いられることとなった（第2章1、コラム2－2）。

　また、投資実務の詳細については、第2章4において記述するが、実務についても課題は多い。証券決済制度など、中国本土における制度・インフラは着実に整備が進みつつあるが、先進国の市場との比較では、いまだ成熟していない状況にあるのは事実であろう。カストディアンの習熟度等も背景に、投資にあたっては実務的な負荷が相応に予想され、留意が必要である。

　なお、中国本土債券市場への投資に際しては、正確かつ迅速な現地情報の入手が重要となる。現地のブローカーやカストディアンの情報提供はもちろん重要であるが、たとえば、CCDCが運営するインターネット・サイトである「中国債券信息網（China Bond）」（後述）においては、債券の発行やディスクロージャー、流通市場での売買の状況が掲示されており、有用である（http://www.chinabond.com.cn/d2s/index.html）。

(5) 投資リスクをふまえて

　以下では、上述の投資リスクをふまえ、中国本土債券市場における債券投資におけるそれぞれのリスクへの対処法について考えてみたい。

a　信用リスク

　本邦投資家が中国本土での債券投資の経験を有していないなか、債券投資の実施においては、特に信用リスクの削減が課題となる。信用リスクの削減のためには信用リスクをコントロール可能な商品を中心に投資を検討することが、現実的な選択肢となろう。

　信用リスクを考えるうえで、リスクウェイトについての確認は有用であろう。中国本土の債券市場においては、国債、地方債および政策性銀行債といった、相対的に低いリスクウェイトが期待できる商品が存在する。

　特に政策性銀行債については、政府系機関であり、中国当局の政策実現を担う機関としての政府との一体性は相応に認められるように思われるとともに、発行額が大きく、相対的に高い流動性が期待可能である。なお、最大の発行体である中国国家開発銀行（CDB、China Development Bank）については、2008年以降財政部100％出資ではなくなったものの、中国銀行業監督管理委員会（CBRC、China Banking Regulatory Commission）は中国国内の自己資本規制比率CDB債のリスクウェイトをゼロとする旨を定めており、中国輸出入銀行（CHINA EXIM BANK、The Export-Import Bank of China）および中国農業発展銀行（ADBC、Agricultural Development Bank of China）と並び、引き続き準ソブリン銘柄として位置づけられている。また政策性銀行債については、規制緩和により、本邦系を含む外資系金融機関への債券引受業務の開放が進展し始めており、本邦系金融機関を介した投資の可能性も出てきていることも重要な動きである。

　地方債については、第1章2で説明したとおり、地方政府の債務効率化等の観点より、2014年以降急速に制度整備が進みつつある。一方、同年10月に

中国国務院が発表した『地方政府債務の管理強化に関する意見』が注目されよう。このなかでは、中央政府は地方政府の債務に関し償還責任を有していないことが明確化されることとなった。

　中国の地方財政制度は、中央への税収の偏在を背景に日本と同様に中央との一体性を基本とした制度設計が行われていた経緯がある。一方、中国の近年の動向は、米国型の、より地方分権色の強い方向へと舵を切ったものと評価され、今後の中国地方債の信用リスクに影響が予想される。

　信用リスクの観点で特に注目されるのはパンダ債であろう。パンダ債は中国本土の債券市場で非居住者が発行する人民元建て債券であり、日本ではサムライ債に相当する商品性である。中国当局はパンダ債を、人民元国際化を内外に示す重要な取組みと考えており、最近では中国当局のパンダ債への取組みが加速している。

　パンダ債は非居住者が発行体であり、中国経済や中国本土企業の信用リスクとは一義的には遮断された商品といえる。パンダ債の発行が活発となった場合、海外投資家はパンダ債への投資により、いわゆる「中国リスク」を一定程度回避しつつ中国本土の債券市場に参加し、人民元の長短金利差を享受することが可能となる。

　なお資産担保証券（ABS、Asset Back Securities）も重要である。中国本土においては2014年以降、外資系オートローン会社を中心に、オートローン債権を原資産とするABSの発行が活発化している。本ABSは小口のオートローン債権の集合体であり、中国のマクロ経済の動向と無縁ではない。一方、原資産の返済状況に応じ、随時償還を行う商品性となっていることや、個別企業の信用リスクとはある程度隔離されていることから、パンダ債同様、中国リスクの制御が可能な投資対象といえそうだ。

　規制緩和の進展により、中国本土債券市場でも、中国リスクを一定程度回避しつつ投資を行うことが現実的となっており、投資の選択肢も多様化している。

図表2−17　最近の中国本土における米ドル建て債券発行実績

	格付	発行額 (億ドル)	条件決定	期間 (年)	利率 (％)
中国国家開発銀行	Aa3（MDY）、AA−（S&P）	13.3	15．8．5	3	1.6329
中国国家開発銀行	Aa3（MDY）、AA−（S&P）	6.7	15．9．26	3	1.6301
中国輸出入銀行	Aa3（MDY）、AA−（S&P）	13.6	15.11.30	3	1.6351
中国輸出入銀行	Aa3（MDY）、AA−（S&P）	6.4	16．3．9	3	1.4361

(出所)　Bloomberg等より筆者作成

b　金利リスク

中国本土において人民元建てで行われる債券投資に関する金利リスクの統御においては、投資制度の許容範囲や規制緩和の動向次第ではあるが、まずは、負債サイドの対策、すなわち人民元の安定調達が課題となろう。人民元の調達に関しては、オフショア人民元市場において、①為替取引、②通貨スワップ、および、③銀行借入れといった手段が存在する。詳細については、第2章5にて説明したい。

なお、中国本土債券市場においては、政策性銀行を中心に米ドル建て債券も発行されている（図表2−17）。政策性銀行など信用力の高い発行体も多く、これらの先が外債発行実績も有していることや、海外の格付を有していることもふまえ、人民元の安定調達がむずかしい場合、投資の選択肢となりうる。

3　中国の証券決済制度

債券投資の実務においては、証券決済制度や証券決済機関（CSD、Central Securities Depository）とのかかわりは重要である。ここでは、日本や他の先進国との比較を意識しながら、中国における証券決済制度を概観する。

(1) 中国の証券決済機関

中国には3つのCSDが存在している。すなわち中央国債登記結算有限責任公司(CCDC)、中国証券登記結算有限責任公司(CSDC)および上海清算所(SCH)である(図表2-18)。

3つのCSDはそれぞれ財政部、CSRC、およびPBOCの影響が強いことが特徴である。過去においては中国の縦割り行政の影響下、それぞれが多様な商品・市場への取組みを行い、競合関係にあった時期があるが、現在はほぼすみ分けが形成されている。なお、SCHは、CSDとしての機能に加え、清算機関としての機能を有しており、リーマン・ショック以降国際的に整備が進む店頭デリバティブの清算集中の議論においては、中国におけるCCP(Central Counterparty)としての活動も期待されている。

次に、日本におけるCSDである株式会社証券保管振替機構(JASDEC、Japan Securities Depository Center)との比較を行う。主要先進国のCSDにおいては、中央銀行が自らCSDとしてサービスを提供する場合を除き、CSDには、何よりもガバナンスの中立性が求められる。CSDは発行体や投資家など市場関係者の利害に中立的に運営がなされるべきであり、また、株主の破綻等にも影響を受けない態勢が求められる。JASDECは日本取引所グループが大株

図表2-18 中国の証券決済機関の概要

	ガバナンス	商品	市場
CCDC	財政部(財政部が出資)	国債、企業債等	銀行間債券市場
CSDC	CSRC(上海・深圳証券取引所が出資)	上場商品	取引所市場
SCH	PBOC(中国外貨取引センター、CCDC等が出資)	社債等	銀行間債券市場
(参考)JASDEC	市場関係者の協調態勢	株、投信、CP、一般債	―

(出所) 筆者作成

主（24.38％）ではあるが、さまざまな立場の市場関係者も株主として運営に参画しており、ガバナンスの中立性が確保されている。ユーロクリアのような国際証券決済機関においても、同様の考え方に立ち、中立的なガバナンス態勢が確立されている。

一方、中国のCSDは、先に触れたようにそれぞれ株主構成は一様ではないものの、財政部、CSRCおよびPBOCの強い影響下にある。競合関係の整理が進展したことは好材料であるが、中国債券市場が成熟するにつれ、市場関係者も参加した中立的なガバナンスが形成されることに期待したい。

(2) 証券決済制度の日中比較

以下では、日本と中国の証券決済制度の概観につき比較するとともに、制度自体のコンセプトの違いにつき説明したい。

a 概　　観

証券決済制度の大まかな枠組みについては、中国と日本に大きな相違はない（図表2－19）。以下では、中国独自のものとして留意すべき3点を説明する。

中国においては、縦割りの行政を映じ、銀行間債券市場と取引所市場の2つの市場が存在し、分断されていることが特徴である。CSDに関しても、分断を映じ、市場ごとのすみ分けがなされており、決済期間や資金決済会社などの仕組みも異なる。投資家や仲介業者の立場としては、たとえば、銀行間債券市場で債券を売却する一方、取引所市場で株式を購入するような場合、同一のCSD資金決済会社での対応ではないことや、タイミングが異なることなどには、十分留意が必要となろう。

次に、株式の決済に関しては、証券決済と資金決済がそれぞれ別のタイミング（証券決済はT＋0、資金決済はT＋1）で行われることとなる。証券決済においては、証券と資金の双方向の取引（価値交換型）であることをふまえ、証券の受渡しを行ったのに、資金が入金されないといった、「取りっぱぐれ」のリスクを回避するため、証券の受渡しと資金の受渡しを相互に条件

図表 2-19 証券決済制度の日中比較（概観）

	中国		日本	
CSD	銀行間債券市場	CCDC、SCH	国債	店頭市場（OTC）
	取引所市場	CSDC	一般債	店頭市場（OTC）
			株式	取引所市場
決済期間	国債	T＋0、もしくは、T＋1	国債	T＋2（T＋1を検討中）
	一般債	T＋0、もしくは、T＋1	一般債	T＋3
	株式	（証券決済）T＋0、（資金決済）T＋1	株式	T＋3（T＋2を今後検討）
資金決済	国債／一般債／株式	中国人民銀行／資金決済銀行	―	日本銀行
仲介業者	国債／一般債	銀行、証券会社	国債	銀行、証券会社
	株式	証券会社	一般債	銀行（地方債）、証券会社
			株式	証券会社
発行体	国債	財政部	国債	財務省
	一般債	PBOC、政策性銀行、銀行、一般企業	一般債	地方自治体、政府関連機関、一般企業
	株式	一般企業	株式	一般企業
投資家	銀行間債券市場	機関投資家	国債	機関投資家
	取引所市場	機関投資家、個人	一般債	機関投資家
			株式	機関投資家、外国法人

（注）　国債以外の債券については一般債と総称している。
（出所）　筆者作成

づけして決済を行うDVPの仕組みを構築することが一般的である。一方、中国の株式の決済に関しては、証券と資金の決済日が異なる状況にある。

　また、資金決済については、今日の証券決済の枠組みにおいては、資金の支払が中央銀行において行われることが、ファイナリティ（決済完了性）の

観点から重要とされている。中央銀行マネーで決済が行われることにより、決済が無条件かつ取消不能となり、組戻し等のおそれがないこと、すなわちファイナリティが確保され、決済の安全性が確保されることとなる。一方、中国の株式の決済に関しては、現状資金決済は民間の資金決済銀行にて行われており、ファイナリティの観点からは、やや問題のある状況となっている。

これらの点、特に決済期間と資金決済に関しては、中国当局も問題意識を有しているものと思われる。国際的な金融監督の協調や、中国本土資本市場への海外投資家の誘致においても議論となることが多い状況となっており、課題解消に向けた中国当局の取組みが期待されている。

b コンセプトの違い

日本をはじめ先進国では、証券決済制度は通常は階層構造をとり、CSDはその下にさらに投資家を管理する機関（口座管理機関）を設け、口座管理機関内の証券決済（投資家間の証券の振替え）に関与しないことで、証券決済をある程度分散させ、効率性を確保することが一般的となっている（図表2－20）。このことは、システム障害などトラブルへの対応としても、トラブルを証券決済制度全体へと伝播させず一定の範囲にとどめるといった効果があり、証券決済システムの安全性といった観点でも重要である。

一方、階層構造においては、CSDから最終投資家を把握することは困難である。昨今、複雑なスキームを用い課税逃れを行う投資家への課税強化が課題となっているが、階層構造においては、仕組み上CSDにおいて最終投資家を把握できないことから、元利払いにおける最終投資家の課税属性の把握が課題となる。このことは、特に課税属性把握の難易度が高いクロスボーダーでの証券取引が活発となるなかで、問題となろう。

一方、中国の証券決済制度は実質的に単層構造となっている（図表2－20）。日本やその他先進国と同様に口座管理機関は存在するものの、CSDにおいては口座管理機関からの申請に基づき、最終投資家ごとのサブアカウントを保有しており、ほぼすべての投資家を把握している状況にあり、あらゆ

図表２−20　証券決済制度のコンセプトの違い

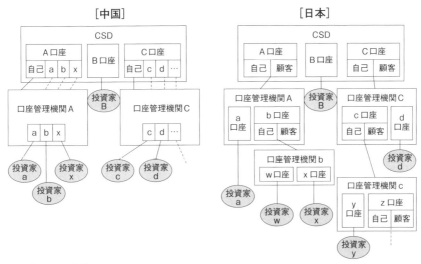

(出所)　筆者作成

る証券決済がCSDの口座の移動として把握されることとなる。

　このような制度は、最終投資家の把握といった面では合理性を有しているものの、効率性や安全性といった面では、階層構造に分があるように思われる。なお、最終投資家の把握に関しても、海外投資家については、海外のカストディアン経由で制度に参加することから、限界がある。

4　本邦投資家の投資実務

　ここでは、中国債券市場が国外に開放されることとなった経緯、国外からの投資の特徴に加え、それをふまえたうえで本邦投資家が中国債券市場で取引を行うにあたっての実務を説明する。

(1) 中国債券市場の国外への開放について

　中国本土の債券市場に海外投資家が参加できるようになってからの歴史は浅い。人民元による貿易決済が年々拡大するに伴い、中国国外機関による人民元の保有額が増加し、人民元資産購入ニーズが高まったこと等を受け、PBOCは、2010年8月に通達『国外の人民元決済銀行等三種類の機構が銀行間債券市場で人民元投資運用を試行することに関する中国人民銀行の通知』（銀発［2010］217号）により、海外投資家の中国債券市場への投資を、条件付きで解禁することとなった。

(2) 中国債券市場の国外からの参加資格

　PBOCが発信した上記通達の原題は『銀発［2010］217号　中国人民銀行関于境外人民币清算行等三类机构运用人民币投资银行间债券市场试点有关事宜的通知』で、日本語では『銀発［2010］217号　国外の人民元決済銀行等三種類の機構が銀行間債券市場で人民元投資運用を試行することに関する中国人民銀行の通知』（以下、「217号通達」）となる。

　この通達にある「国外の人民元決済銀行等三種類の機構」（以下、「三類機構」）とは、

① 国外の中央銀行あるいは通貨当局
② 香港、マカオ地区の人民元業務決済銀行
③ クロスボーダー貿易人民元決済を行う国外参加銀行

であり、本邦投資家はこのうち③に該当する。

(3) 有資格者の制約条件について

　中国国外から中国債券投資を行う場合、米国債に代表されるその他の外国債券への投資と比較した際、さまざまな制約が存在する。上記通達による三類機構が中国債券市場に参加するうえでの最大の特徴は、市場に直接参加する資格をもたず、すべての業務を「決済代理人」（以下、「代理人」）を介して

行うという点である。

以下、詳細については以下で説明する。

(4) 取引にあたっての関係者

ここでは、海外投資家が中国債券市場にて取引を行ううえでの関係者について、取引執行の際の関係者、また、取引を開始するための準備段階で必要となる関係者の両方について説明する。

a 中央国債登記結算有限責任公司（CCDC、China Central Depository & Clearing）

中国財政部が1996年に設立した機関であり、略称を「中央結算公司」という。PBOCが指定した中国銀行間債券市場における証券決済機構であり、主に中国債券市場の債券等金融資産の登録、保管、取引決済、利払い等を行うほか、取引に関連する帳票発行等も行う。また、ウェブサイト、ロイター、Bloomberg等を通して債券のイールドカーブ、評価価格、インデックスおよびVaR等について公表している。

中国銀行間債券市場に参加するにはまずCCDCの会員となる必要があり、CCDCは以下の3種類の会員から構成されている。

(i) 甲類会員

自ら取引、決済を行うほか、丙類会員の代理人として取引を執行、管理する資格を有する会員。2015年12月現在、47行がこの資格を有する。

(ii) 乙類会員

自ら取引、決済を行うことはできるが、代理人の資格をもたない会員。

(iii) 丙類会員

自ら取引、決済を行うことができず、特定の甲類会員と債券決済業務代理契約を締結、代理人を介してインターバンク債券市場に参加する。本邦投資家は丙類会員として債券市場に参加することとなる。

b 決済代理人

丙類会員が中国債券市場に参加するにあたり、債券決済等の業務を受託し、代理で行う銀行。CCDC甲類会員がこれに該当する。海外投資家はまず代理人を選定する必要がある。

海外投資家は各種契約について代理人に委託するほか、取引約定、取引入力、決済、利金受取、償還金受取および帳票出力等の業務についても代理人経由で行う。

c 中国債券信息網（China Bond）

CCDCが運営するウェブサイトで、債券発行スケジュールや利払い、満期償還情報も含め、CCDCが公表する資料を確認することができる。ただし、評価情報等一部の情報については有料となっている。

d 中国外為取引センター（CFETS、China Foreign Exchange Trade System）

中国銀行間債券市場の取引を入力するシステム。CFETSに入力された取引情報はCCDCで管理される。CFETSを保有しない本邦投資家が行った取引については、入力を代理人に委託する。すなわち、代理人が海外投資家の名義で取引入力を行うこととなる。

e 中国銀行間市場交易商協会（NAFMII、National Association of Financial Market Institutional Investors）

2007年9月に設立された中国人民銀行主管の非営利団体で、銀行間債券市場、資金市場、手形市場、外為市場および金市場の参加者で構成される自律組織。

海外投資家が中国銀行間債券市場において投資業務を行う場合は、NAFMIIが2010年12月に制定した『銀行間債券市場債券交易自律規則（中国

銀行間債券市場における債券取引についての自主規制)』を遵守することが条件となっている（217号通達）。この自主規制には法律や当局規定の遵守、秩序維持、リスク管理、内部統制等の規範等が記載されている。

f　債券決済専用口座開設銀行

海外投資家は、いわゆる預金口座とは別に、債券決済専用の口座である「人民元特殊預金口座」を開設しなければならず、中国の国内銀行に1口座のみ開設することができる（217号通達）。

g　取引相手

代理人が海外投資家の名義で取引を行う相手。代理人自身も取引相手となりうるが、その場合、代理人は社内でセクション（部門）を分けて対応する必要がある。

(5)　取引の準備

本邦投資家が中国債券市場で取引を行うにあたり、準備として以下に記す契約を締結しておく必要がある。

(i)　債券決済代理業務契約の締結　(債券結算代理業务協議书)

上述のとおり、本邦投資家は中国債券市場において「丙類会員」に分類されるため、まず甲類会員から代理人を選定し、債券決済代理業務契約を締結する。以下に述べる契約のうちCCDCとの契約はすべて代理人を通して行う。

なお、一度選定した代理人を変更することは可能であるが、その場合、新たな代理人との契約締結の前に現在の代理人との口座残高を清算し、決済代理業務関係を終了しなければならない。そのうえで元の代理人および新たな代理人のサインが記載された変更代理人申請書、新たな代理人と新規に締結した代理協議書、債券決済の授権委託書等の文書をCCDCに提出する。

(ⅱ) **顧客サービス契約（丙類会員用）の締結**（以下、「サービス契約」）（『中央国債登記結算有限責任公司客戸服務協議（適用于丙類結算成員）』）

CCDCとの契約で、丙類会員は、中類会員の資格を有する金融機関に債券決済代理業務を委託することが定められているほか、その具体的な手続、方法等が主な内容となっている。

『中華人民共和国合同法』および『関于開辦債券結算代理業務有関問題的通知（債券決済代理業務開始にあたっての関連問題についての通知）』にのっとり締結する契約で、この契約がCCDCとの基本契約となるため、以下に述べるCCDCとの契約は、この契約を締結していることが前提となる。

(ⅲ) **債券保管丙類口座の開設**

CCDCとの契約で、サービス契約第2条に従い、丙類会員は債券を保有するための債券口座をCCDCに開設しなければならない。

なお、CCDCに開設した債券口座に1年にわたって債券残高がない場合は、China Bond（ウェブサイト）を通じて口座抹消公示がされる。公示後、3ヵ月以内に代理人を通じて口座継続申請を行えば1年保留されるが、申請がない場合は口座抹消となる（サービス契約第7条）。

(ⅳ) **DVP決済契約の締結**（債券交易券款対付結算協議）

CCDCとの契約であり、「債券交易券款対付」とはDVP（Delivery Versus Payment）、すなわち債券と資金を同時に受渡しする決済方法を指す。DVPを希望する場合は、取引を開始するにあたりCCDCとDVP契約を結ぶ必要がある。

CCDCは中央債券総合業務システムおよび中国人民銀行大口支払システムを通じて中国銀行間債券市場の参加者が行う債券業務に対し、DVPサービスを提供している（『中央国債登記結算有限公司券款対付結算業務実施細則（DVP業務実施細則）』第3条）。

CCDCはDVPを推奨しているが、DVP以外の決済方法もあることから、この契約書が存在している。なお、2016年3月末時点におけるDVP契約数は1万104社となっている。

(v) **債券決済資金口座使用契約の締結** (中央国債登記結算有限責任公司債券結算資金账户使用協議)

CCDCとの契約であり、DVPを行う場合、『DVP業務実施細則』第8条に従い、債券決済用の資金口座をCCDCに開設する必要がある。この口座はDVP専用であり、決済が完了した1日の終了時点における残高は常に0となる（『DVP業務実施細則』第7条）。

(vi) **人民元特殊預金口座の開設**

海外投資家は、サービス契約に従い、債券取引関連決済のみに使用する資金口座を特定の銀行に開設しなければならない。債券売買によって発生する資金の移動の他、利払いや償還金等の入金についてもこの口座で行われる。

口座開設に際しては、『人民币銀行結算账户管理办法（人民元銀行決済口座管理弁法）』および『中国人民銀行令2003第5号』『中国人民銀行公告〔2013〕第12号』に従う必要があり、代理人を介して開設するが、代理人となる銀行に開設することが一般的である。

(vii) **中国債券イールドカーブおよび基準価格についてのエンドユーザーサービス契約** (中債収益率曲線和中債估值最終用戶服務協議)

China Bondの有料データ取得を希望する場合はこの契約が必要であり、China Bondと直接契約を締結する（費用については後述）。また、データによってはBloombergを介して取得するよう申請することも可能である。

(viii) **CFETS ID申請**

本邦投資家はCFETSを使用するために、代理人を通じてID申請を行う。

このID申請には丙類会員であることが前提となっており、人民元特殊預金口座開設証明、CCDCによる債券口座開設通知書が必要となる。

(6) 取引執行方法

すべての契約が終了し準備が整った段階で、取引を行うことができる。ここではフロー図を用いて具体的な取引執行方法を説明する（図表2-21）。

① 本邦投資家が代理人に取引を依頼：CFETSのIDを保有していなければ

図表2-21 債券購入スキーム概観

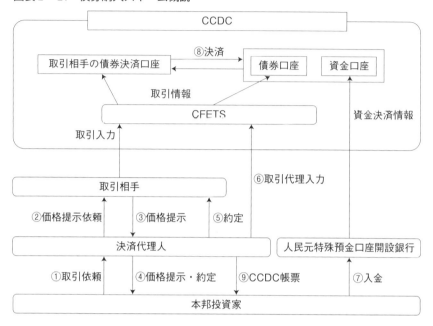

オンタイムで債券価格の動きをみることができない。また、候補となる銘柄については事前にあらかじめ絞り込んでおくことが推奨される。

② 委託された代理人は、取引相手に価格提示を依頼
③ 取引相手が代理人に価格を提示
④ 代理人は取引相手から提示された価格を本邦投資家に提示、取引約定
⑤ 代理人が本邦投資家名義で取引相手と取引を約定
⑥ 代理人が本邦投資家名義でCFETSに取引を入力
⑦ 本邦投資家は人民元特殊預金口座に入金：必要金額は、債券決済代金に債券決済代理費用（Agency Fee）およびCCDC Transfer Service Feeを加えた金額となる（費用については後述）。
⑧ 決済：中国債券市場における決済は、取引日をTとすると、T＋0またはT＋1で行われる。中国国内では通常T＋0決済となっているため、T

+1で決済する場合には、取引の際に代理人に伝えておく必要がある。
⑨ 帳票出力：代理人は本邦投資家の取引にかかわる帳票をCCDCのシステムから出力し、本邦投資家に送付する。ただし、サービス契約第10条によれば、代理人から受渡票等の関連帳票を受領することができると規定されていることから、帳票の受領を必要とする場合は、取引約定時に請求するか、あるいは取引開始前にあらかじめ代理人と取決めを交わしておく必要がある。

(7) 債券投資にかかる諸費用

以下では、上述の契約および取引フローにのっとって取引を行った場合にかかる費用について説明する。

(i) Agency Fee

代理人に対して支払う手数料で、取引執行にかかわる代理業務手数料のことである。通常、債券決済代理業務契約を締結する際に手数料率を決定し、取引のつど支払が発生する。

(ii) CCDC Transfer Service Fee

CCDC宛てに支払う手数料で、取引執行にかかわる債券受渡手数料のことである。初回取引約定時は500元、2回目以降は1取引につき150元となっており、取引のつど発生し代理人経由で支払う。

『中央国債登記結算有限責任公司 業務収費弁法的補充通知（CCDC業務費用補足通知）』（中債字2005-59号）に基づき支払うもの。

(iii) CFETS Transaction Procedure Fee

CFETS宛てに支払う手数料。取引約定のつど発生し、四半期（第1四半期は1～3月）に一度請求書に基づき、直接支払う。2015年9月現在、手数料率は取引額面の百万分の2.5。

『关于本币市场实行有偿服务的通知（人民元市場における有料サービスについての通知）』（中汇交発2005-302号）および『关于本币市场有偿服务的批复（人民元市場における有料サービスについての承認）』（中汇交発2005-484号）に基

【資料①　銀行間債券市場決済代理人リスト】

番号	会員名	番号	会員名
1	中国工商銀行	25	富滇銀行
2	中国農業銀行	26	ハルビン銀行
3	中国銀行	27	晋商銀行
4	中国建設銀行	28	貴陽銀行
5	交通銀行	29	西安銀行
6	招商銀行	30	福建海峡銀行
7	中信銀行	31	斉商銀行
8	中国光大銀行	32	斉魯銀行
9	興業銀行	33	ウルムチ市商業銀行
10	中国民生銀行	34	東莞銀行
11	華夏銀行	35	成都銀行
12	上海浦東発展銀行	36	包商銀行（一時停止中）
13	平安銀行	37	長沙銀行
14	広発銀行	38	河北銀行
15	恒豊銀行	39	アモイ銀行
16	北京銀行	40	青島銀行
17	上海銀行	41	上海市農村商業銀行
18	南京銀行	42	常熟市農村商業銀行
19	天津銀行	43	香港上海銀行（中国）
20	杭州銀行	44	広東順徳農村商業銀行
21	漢口銀行	45	スタンダードチャータード銀行（中国）
22	大連銀行	46	ドイツ銀行（中国）
23	重慶銀行	47	BNPパリバ銀行（中国）
24	寧波銀行		

（出所）　NAFMIIホームページ

づき支払うもの。

(iv) **基準価格についてのエンドユーザーサービスにかかわる手数料**

China Bond宛てに支払う費用。1年に一度、China Bondが提供するデータについては代理人を通して契約を行うが、手数料については代理人を介さずに直接支払う。

費用は年度分（1〜12月）一括払いとなっており、分割払いはできない。China Bondに掲載される支払期日、支払先情報に基づき、期日までに直接China Bond宛てに支払う。原則として請求書は発行されず、期日を過ぎても支払わなかった場合は、自動的に提供が停止する仕組みになっている。

以上が中国債券市場における債券投資の実務内容であるが、市場が海外に開放されたとはいえ、まだまだ自由度が高いとはいえないのが現状であろう。

5 人民元の調達方法

中国の通貨である人民元は「人民元国際化」という言葉に表されるように、中国国外での取引も急速に拡大している。しかし依然として債券市場と同様に、為替市場や資金市場も本土（オンショア）市場と本土外（オフショア）市場ではさまざまな差異が存在しており、完全な自由化には至っていない。以下では人民元特有の市場環境を述べるとともに、本邦において人民元を調達する手法を中心に説明したい。

(1) 2つの人民元市場

2016年現在、人民元市場にはオンショア市場（以下、「CNY市場」）とオフショア市場（以下、「CNH市場」）の2つが存在している（図表2−22）。両市場は同じ人民元の市場でありながら為替レートや金利水準が互いに異なる二重相場が形成されている。これは両市場の間には他の新興国でも多くみられ

図表2-22　2つの人民元市場の概観

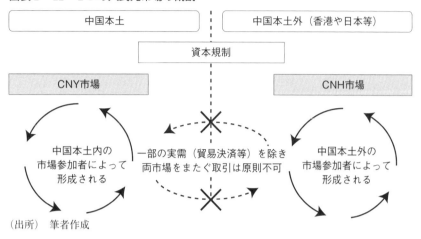

(出所)　筆者作成

図表2-23　2つの人民元市場の取引制度の違い

	CNY市場	CNH市場
取引時間	北京時間　9：30～23：30 (日本時間　10：30～24：30)	取引時間の制限なし
対象取引	中国金融当局が取引を認めた取引形態(直物為替、為替予約、為替スワップ、通貨スワップ、通貨オプション等)に限定される	特段規制はなく市場の発展に応じて多様な取引が可能
為替レートの日中値幅制限	対米ドル銀行間為替レートは中国人民銀行仲値±2％以内に制限	値幅制限は課せられない
預金・貸出金利の制限	従来はPBOCが公表する基準金利の制限が存在していたが、現在は預金・貸出ともに原則自由化	特段の制限なし
指標金利	PBOCが北京時間9：30(日本時間10：30)に公表するSHIBOR	HKMAが香港時間11：15(日本時間12：15)に公表するCNH HIBOR
外貨管理等中国本土規制	SAFEやCBRCが定める外貨管理規制等が課せられる	中国本土の規制は課せられない

(出所)　筆者作成

る国境をまたぐ資金の動きを制限する資本規制が課されており、両市場の裁定が十分に働かないこと等が主な要因と考えられている。また取引制度においても両市場には多くの違いが存在しており、依然自由化に向けた途上の段階といえる（図表2－23）。

(2) CNY市場

　CNY市場は中国建国の前年である1948年に初の人民元札が発行されて以降続いている中国本土における人民元の市場である。「CNY」という表記は人民元の英語表記であるChinese Yuanをもとに、国際標準化機構が定める通貨コードの国際規格（ISO4217）に登録されている人民元の通貨コードである。CNY市場は創設時の黎明期を経て、計画経済下の固定相場制（1955～71年）や、金と米ドルの兌換停止を発表したニクソン・ショックを経て導入された通貨バスケット制（1971～1978年）、移行経済期の二重相場制（1979～1993年）、管理変動相場制（1994～1997年）、アジア通貨危機の影響による固定相場制（1998～2005年）等、さまざまな取引制度の変遷を経て現在に至っているが、現在の取引制度の骨格が確立されたのは2005年7月からの通貨バスケット制の導入からといえる（図表2－24）。

　2005年7月21日にPBOCは、通貨バスケット制への移行を発表した。また人民元の対米ドルレートを約2％切り上げるとともに、中国人民銀行仲値から±0.3％を銀行間市場における対米ドル為替レートの日中変動幅とすることなどを定めた。その後、この変動幅は2007年5月21日に中国人民銀行仲値の±0.5％、2012年4月16日には±1％、2014年3月17日には±2％と徐々に拡大されている（図表2－25）。

　ここでいう中国人民銀行仲値とは、PBOC傘下のCFETSから、毎営業日北京時間9：15（日本時間10：15）に公表される為替レートの基準値である。中国人民銀行仲値の算出方法は、CFETSが公表を開始した当初は「CFETSが毎日のCNY市場のオープン前にCNY市場の主要市場参加金融機関として中国金融当局が認定しているマーケット・メイカーに対してレートを照会

図表2−24 中国建国以降のCNY市場における為替制度の変遷

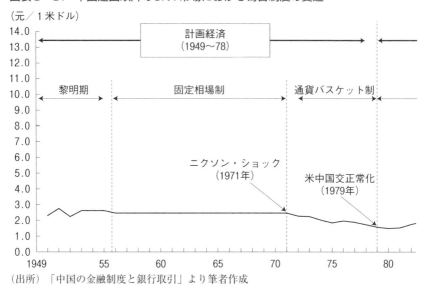

(出所)「中国の金融制度と銀行取引」より筆者作成

図表2−25 通貨バスケット制移行後のCNY市場における為替制度の変遷

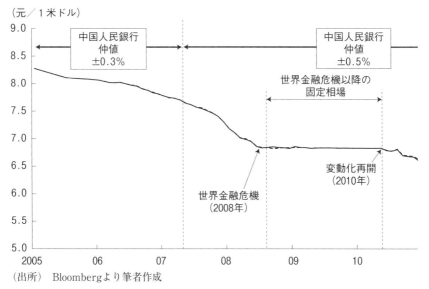

(出所) Bloombergより筆者作成

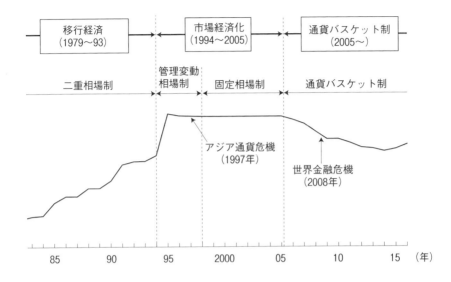

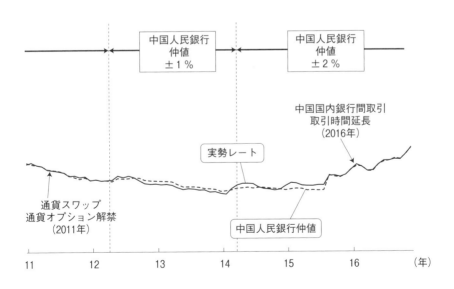

第 2 章 中国債券投資の実務

し、提示されたレートのうち最も高いものと最も低いものを除いた残りのレートの加重平均により算出する。ただし、加重平均のウェイトはCFETSが銀行間市場の取引量などを総合して確定する」とされていた。ただ2012年頃からは市場オープン時点で実際に取引されるレートとの乖離が発生することが多く、その決定プロセスが不透明とされてきた。

しかし2015年8月11日にPBOCは中国人民銀行仲値を対米ドルで約2％切り下げるとともに、「マーケット・メイカーが前日の市場終値を参考に、外為需給状況および国際主要通貨の為替レート変化を総合的に考慮し、CFETSに仲値を報告すること」との声明（人民元対米ドル・レート仲値発表改善に関する声明：中国人民銀行関于完善人民币兑美元汇率中間价报价的声明）を発表しており、中国人民銀行仲値は中国金融当局が決定すること自体には変化はないものの、「市場終値」と「外為需給状況および国際主要通貨の為替レート変化」を参考とすることが明確化された。

このうち「市場終値」については、当時CNY市場における為替市場の取引時間は北京時間9：30〜16：30（日本時間10：30〜17：30）であったが、2015年12月23日にPBOCとSAFEが公表した公告［2015］第40号において、2016年1月4日より北京時間9：30〜23：30（日本時間10：30〜24：30）へと延長されている。しかし取引時間延長に際し、従来の市場終値と同じ北京時間16：30（日本時間17：30）時点の為替レートを当日の終値として公表することがあわせて発表されており、現在も前日の北京時間16：30（日本時間17：30）の市場終値が参考にされていると考えられる（図表2－26）。

一方「外為需給状況および国際主要通貨の為替レート変化」については、CFETSが2015年12月11日より、実効為替レートとして参照する新たな人民元インデックスとして、CFETS人民元インデックスの公表を開始している。これは2014年12月末を100として、複数の通貨に対しての人民元の強さや動向を判断するよう促すものとされており、従来のような米ドルに対しての人民元の安定化ではなく、実効為替レートに対しての安定化を図るねらいがあるものといえる。なお公表開始にあたり、CFETSはCFETS人民元インデッ

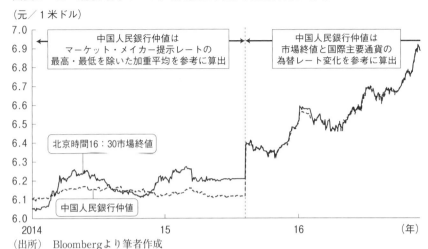

図表2－26　北京時間16：30市場終値と中国人民銀行仲値の推移

（出所）Bloombergより筆者作成

クスに加えて、国際決済銀行（BIS、Bank of International Settlements）における通貨バスケットを参照としたBIS人民元インデックスと、IMFが定めるSDRの構成通貨を参照としたSDR人民元インデックスの計3種類のインデックスの公表を開始するとともに、それぞれの人民元インデックスの構成要素も開示している（図表2－27、2－28）。

為替リスクのヘッジ手段についても徐々に整備されつつある。為替予約および為替スワップについては2005年8月から本格的に開始され、2011年1月には通貨スワップが、同年2月からは通貨オプションがそれぞれ開始されている。しかしCNY市場で認められているヘッジ手段は、中国金融当局が規定したものに限定されており、たとえば通貨オプションにおいては最も基本的な通貨オプションであるヨーロピアン・オプションのみが認められ、他の主要通貨でみられるようなエキゾチック・オプションまでは認められていない。

図表2-27　3つの人民元インデックスの推移

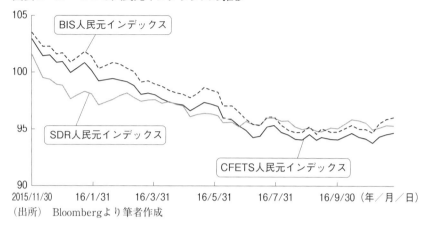

(出所)　Bloombergより筆者作成

(3) CNH市場

　CNH市場は2010年8月頃から開始されたオフショア人民元市場である。CNH市場はオフショア市場ということもあり、中国本土に課せられている外貨管理規制等の影響を受けない。このためオンショアの企業等は原則アクセスできないものの、オフショアであれば企業、機関投資家、個人投資家等のだれもが人民元を自由に売買できる市場であるとともに、為替予約や為替スワップ、通貨スワップはもちろんのこと、エキゾチック・オプションの取引も可能であるなど、人民元の国際化の象徴ともいえる存在である。

　なおCNH市場はCNY市場と同じ人民元の市場ではあるものの、両者のさまざまな制度上の違いから「CNY」とは区別して、オフショア人民元市場が最初に開始された香港（Hong Kong）の頭文字であるHを用いて「CNH」と呼称されるようになった。このため「CNH」はISO4217に定められる正式な通貨コードではなく、オフショア人民元市場の総称として用いられているものである。

　その成立ちは2009年7月に中国でのクロスボーダー人民元決済が解禁されたことに続き、2010年7月19日にPBOC、HKMAが人民元業務に関する覚

図表2-28 3つの人民元インデックスの構成要素

[CFETS人民元インデックス]

構成通貨	構成比率(％)
米ドル	22.40
ユーロ	16.34
円	11.53
韓国ウォン	10.77
オーストラリアドル	4.40
香港ドル	4.28
マレーシアリンギット	3.75
シンガポールドル	3.21
ポンド	3.16
タイバーツ	2.91
ロシアルーブル	2.63
カナダドル	2.15
サウジアラビアリアル	1.99
アラブ首長国連邦ディルハム	1.87
南アフリカランド	1.78
スイスフラン	1.71
メキシコペソ	1.69
トルコリラ	0.83
ポーランドズロチ	0.66
スウェーデンクローナ	0.52
ニュージーランドドル	0.44
デンマーククローネ	0.40
ハンガリーフォリント	0.31
ノルウェークローネ	0.27

[BIS人民元インデックス]

構成通貨	構成比率(％)
ユーロ	18.70
米ドル	17.80
円	14.10
韓国ウォン	8.50
台湾ドル	5.60
ポンド	2.90
シンガポールドル	2.70
メキシコペソ	2.30
マレーシアリンギット	2.20
インドルピー	2.20
カナダドル	2.10
タイバーツ	2.10
ロシアルーブル	1.80
オーストラリアドル	1.50
スイスフラン	1.40
ブラジルレアル	1.40
インドネシアルピア	1.30
サウジアラビアリアル	1.00
チリペソ	0.90
ポーランドズロチ	0.90
香港ドル	0.80
スウェーデンクローナ	0.80
トルコリラ	0.80
アラブ首長国連邦ディルハム	0.70
チェココルナ	0.70
フィリピンペソ	0.70
南アフリカランド	0.60
アルゼンチンペソ	0.40
デンマーククローネ	0.40
ハンガリーフォリント	0.40
イスラエルシュケル	0.40
ノルウェークローネ	0.40
コロンビアペソ	0.30
ペルーソル	0.30
ニュージーランドドル	0.20
ルーマニアレイ	0.20
ベネズエラボリバル	0.20
ブルガリアレフ	0.10
アルジェリアディナール	0.10
クロアチアクーナ	0.10

[SDR人民元インデックス]

構成通貨	構成比率(％)
米ドル	46.85
ユーロ	34.72
円	9.35
ポンド	9.08

(出所) CFETS発表値より筆者作成

図表2-29 香港における人民元預金残高

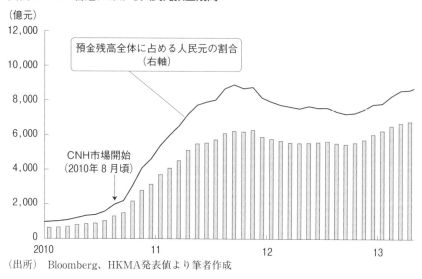

(出所) Bloomberg、HKMA発表値より筆者作成

書を締結したことで、香港での人民元の受渡しが可能となったことが発端となっている。香港での創設以降、市場規模は拡大を続け、その目安となる香港の人民元預金残高は2014年12月に1兆元を突破。その後も全預金残高の1割を上回る推移が続いてきたが、2015年後半以降は預金残高が減少する傾向がみられる（図表2-29）。

またCNH市場は香港のみならず、シンガポールやロンドン、東京など世界中に拡大し、現在では多くの国でCNH市場をベースとした人民元取引が可能となっている。これに伴い国際決済に用いられる人民元のシェアも高まっており、SWIFTによれば、人民元は2015年8月には円を抜き、米ドル、ユーロ、ポンドに次ぐ第4位のシェアとなった。その後は円が再び第4位のシェアとなっているが、人民元はすでに円と近い水準のシェアで国際市場において利用される通貨といえる（図表2-30）。

加えて2015年11月30日にはIMFが2016年10月1日から円やポンドを上回る第3位の構成比率としてSDRの構成通貨に組み入れることを発表した（図表

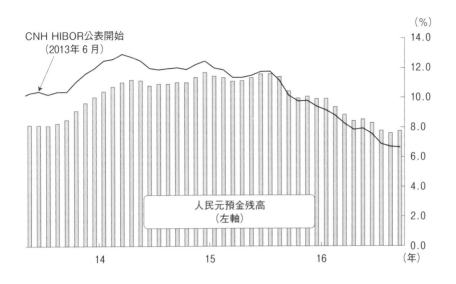

図表2－30　国際決済に用いられる通貨シェア

[2014年1月]

第1位	米ドル	38.75%
第2位	ユーロ	33.52%
第3位	ポンド	9.37%
第4位	円	2.50%
第5位	カナダドル	1.80%
第6位	オーストラリアドル	1.75%
第7位	人民元	1.39%
第8位	スイスフラン	1.38%
第9位	香港ドル	1.09%
第10位	タイバーツ	0.98%

[2015年8月]

第1位	米ドル	44.82%
第2位	ユーロ	27.20%
第3位	ポンド	8.45%
第4位	人民元	2.79%
第5位	円	2.76%
第6位	カナダドル	1.79%
第7位	オーストラリアドル	1.60%
第8位	スイスフラン	1.55%
第9位	香港ドル	1.41%
第10位	タイバーツ	1.04%

[2016年11月]

第1位	米ドル	41.07%
第2位	ユーロ	31.55%
第3位	ポンド	7.38%
第4位	円	3.38%
第5位	人民元	2.00%
第6位	カナダドル	1.82%
第7位	オーストラリアドル	1.73%
第8位	スイスフラン	1.57%
第9位	香港ドル	1.26%
第10位	タイバーツ	1.02%

（出所）　SWIFT発表値より筆者作成

2－31）。SDRとはIMFが1969年に創設した国際準備資産であり、IMFの加盟国に配分されている。加盟国は通貨危機などにより対外債務への外貨不足に陥った場合、SDRと引き換えに他の加盟国から米ドルやユーロ、円などの

図表2-31　SDRを構成する通貨の比率

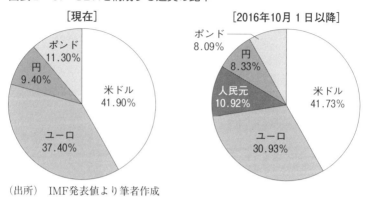

（出所）　IMF発表値より筆者作成

図表2-32　CNHとCNYの為替レート推移

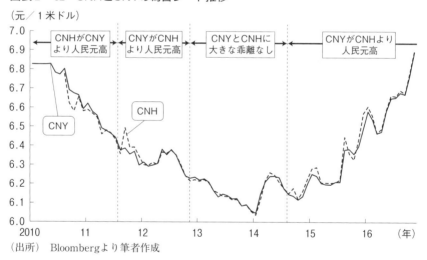

（出所）　Bloombergより筆者作成

構成通貨を融通することが可能であり、外貨不足を補える仕組みとなっている。このため一般的にSDRの構成通貨は、貿易決済をはじめとする国際取引における主要決済通貨で構成されると考えられ、人民元をSDRの構成通貨に組み入れることが確定したことは、人民元がすでに主要通貨であることを示しているともいえる。

図表2-33 CNHとCNYの金利水準推移

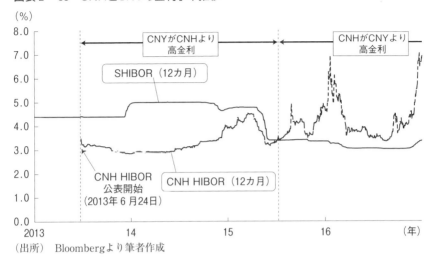

(出所) Bloombergより筆者作成

　なおCNH市場は、上述のとおりCNY市場とは分断されており、両者の市場には為替レートや金利水準の乖離が発生している（図表2-32、2-33）。この乖離により、CNH市場がCNY市場に比べて人民元高な局面あるいは高金利な局面もあれば、その逆も発生している。これは両者の市場形成メカニズムが異なっているため、市場参加者やその取引行動・動機なども異なることが要因であり、中国本土外の市場参加者のCNY市場へのアクセス自由化あるいは中国本土の市場参加者のCNH市場へのアクセス自由化といった資本取引の自由化が進めば、徐々に解消されるものと考えられる。

(4) 本邦投資家による人民元調達手法

　本邦投資家が人民元を調達する場合、手元資金ないしは調達した円や米ドル等を用いて、為替取引にて調達を行う、通貨スワップにて調達を行う、民間銀行等から人民元を借り入れる等の手段が主流となる。

a　為替取引による調達

　為替取引による調達は、一般的に手元の円や米ドルを用いた調達に適しており、直物為替を用いて人民元転することで調達が可能となる（図表2－34）。この際適用される為替レートは、本邦の金融機関との取引になるため、原則CNH市場のものとなり、中国本土の規制は課せられず、人民元への両替自体は自由に行うことができる。

　この場合、債券投資による期待収益は以下のとおりとなる。

・期待収益＝債券投資利回り－円（あるいは米ドル）の調達コスト

　しかし、この期待収益には為替リスクが残存しているため、将来の満期償還日までに人民元安が進行した場合、期待収益を下回るあるいは損失が発生

図表2－34　直物為替を用いた人民元調達スキーム

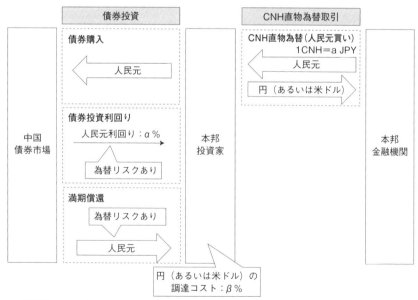

・期待収益＝$\alpha - \beta$
（注）　ただし、債券投資利回りならびに満期償還元本に為替リスクあり。
（出所）　筆者作成

する可能性がある点に注意が必要である（逆に将来の満期償還日までに人民元高が進行した場合、期待収益を上回る可能性もある）。

この為替リスクをヘッジする場合、通常は将来の満期償還日にあわせて為替予約を導入するのが一般的である（図表2-35）。

ここで為替予約とは、将来のある一時点における為替レートを現時点で契約するものであり、輸出入等の経常取引をはじめ、最も広く利用されている為替リスクのヘッジ手法である。なお以下では簡略化した例として、将来の満期償還日の元本に対してのみヘッジを行い、債券投資利回りに対してはヘッジを行わない場合を考える。

為替予約でヘッジを行った場合、調達コストは、

図表2-35 直物為替と為替予約を用いた人民元調達スキーム

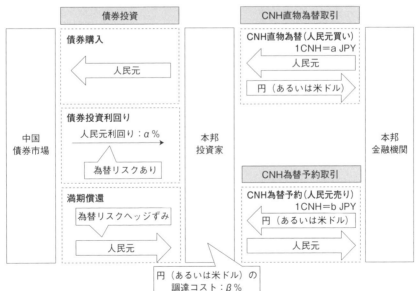

・ヘッジコスト＝（a－b）の年率換算コスト
・期待収益＝α－β－ヘッジコスト
（注）満期償還元本は為替リスクなし、債券投資利回りには為替リスクあり。
（出所）筆者作成

・調達コスト＝円（あるいは米ドル）の調達コスト＋ヘッジコスト

となるため、期待収益は、

・期待収益＝債券投資利回り
　　　　　－（円（あるいは米ドル）の調達コスト＋ヘッジコスト）

となり、ヘッジコストの分だけ期待収益が低下するが、将来の満期償還日の為替レートによらず、確定した元本を回収することが可能となる。なお元本に対してのみヘッジを行った場合、債券投資利回りの為替リスクは残ることとなるが、元本へのヘッジを行うことで為替リスクを大きく減少させることが可能となる。

為替予約のヘッジコストは人民元調達に用いた直物為替と満期償還日の為替リスクヘッジに用いた為替予約とのレート差によって発生する（特にこのレート差のことをスワップポイントと呼ぶ）。

通常、スワップポイントは二国間通貨の金利差によって説明され、期先になるほど高金利通貨が安くなり、低金利通貨が高くなる（ただし、人民元の為替予約のレートは、他の主要通貨と異なり、必ずしも二国間通貨の金利差では説明できない水準となることもある）。

図表２－36　CNH市場とCNY市場の１年物スワップポイント（ヘッジコスト）の推移

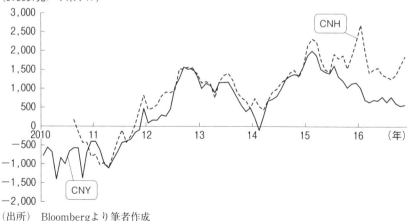

（出所）Bloombergより筆者作成

人民元の場合、通常は円や米ドルよりも金利が高いため、為替予約のレートは期先になるほど人民元安となる。このため満期償還日にあわせて人民元売り円買いの為替予約を行うと、人民元調達に用いた直物為替よりも不利なレート（人民元安なレート）となるため、その差であるスワップポイントがヘッジコストとなる。

　なお本邦において為替予約を行う場合、前述のように適用されるレートは原則CNH市場のものとなるが、スワップポイントにおいてもCNH市場とCNY市場では乖離が発生することが多い。たとえば、両者の1年物スワップポイントの推移を比較すると、一定の相関性を有しつつも、互いに異なるレート推移となっていることがわかる（図表2－36）。

b　通貨スワップによる調達

　通貨スワップによる調達は一般的に外部調達した円や米ドルを用いた調達に適しており、通貨スワップを用いることで実質的に人民元調達が可能になるとともに、為替リスクや金利リスクのヘッジも同時に行うことができる。この際用いる通貨スワップも、本邦の金融機関との取引になるため、原則CNH市場のものとなり、中国本土の規制の影響は受けない。

　通貨スワップとは、デリバティブ（金融派生商品）の1つで、異なる通貨の債務を交換する契約である。本邦投資家が人民元を調達する場合は、円や米ドルの債務を金融機関に渡し、金融機関から人民元の債務を受け取ることで、実質的に人民元の調達を行うことができる。通貨スワップを用いて調達する場合、将来の満期償還日と通貨スワップの満期元本交換の期日をそろえることで為替リスクのヘッジも行える。また、円や米ドルを変動金利で調達した場合の金利リスクもあわせてヘッジできるため、通貨スワップは外部調達した円や米ドルを元手とした調達に適している（図表2－37）。

　通貨スワップを用いて人民元調達を行った場合、為替予約と同様にヘッジコストが発生するが、通貨スワップのヘッジコストは期中交換を行う両通貨の金利差となる。

図表2−37 通貨スワップを用いた人民元調達スキーム

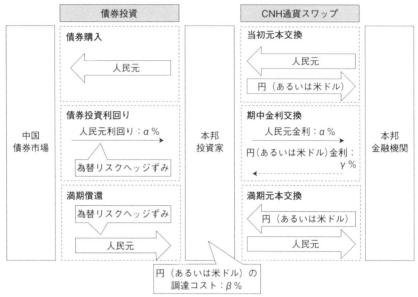

・ヘッジコスト＝α−γ
・期待収益＝α−β−ヘッジコスト
　　　　　＝α−β−（α−γ）
　　　　　＝γ−β
（注）　満期償還元本および債券投資利回りともに為替・金利リスクなし。
（出所）　筆者作成

・ヘッジコスト＝通貨スワップの支払人民元金利
　　　　　　　−通貨スワップの受取円（あるいは米ドル）金利
　このため期待収益は、
・期待収益＝債券投資利回り−円（あるいは米ドル）の調達コスト
　　　　　−（通貨スワップの支払人民元金利
　　　　　−通貨スワップの受取円（あるいは米ドル）金利）
となり、通貨スワップの支払人民元金利を債券投資利回りと同条件に設定すれば、期待収益は、

・期待収益＝通貨スワップの受取円（あるいは米ドル）金利
　　　　　　－円（あるいは米ドル）の調達コスト
となり、為替レートや金利動向によらず期待収益が確定できる。

c　銀行借入れによる調達

銀行借入れによる調達は文字どおり民間銀行等から人民元を借り入れることで人民元を調達する（図表2－38）。固定金利での借入れであれば、期待収益は、
・期待収益＝債券投資利回り－人民元借入れの固定金利
となる。

一方CNH HIBORをベースとした変動金利での借入れを行った場合には、金利スワップを用いることで金利変動リスクをヘッジすることが可能とな

図表2－38　固定金利借入れを用いた人民元調達スキーム

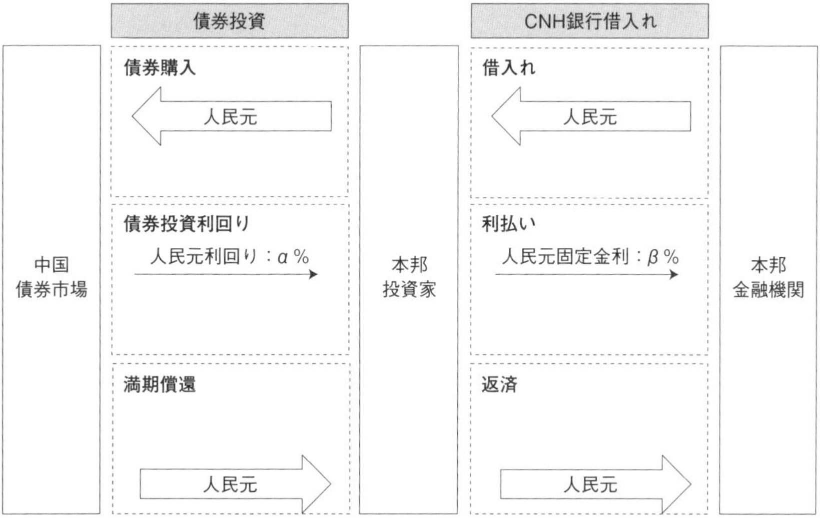

中国債券市場	債券投資	本邦投資家	CNH銀行借入れ	本邦金融機関
	債券購入　←人民元		借入れ　←人民元	
	債券投資利回り　人民元利回り：$α$％ →		利払い　人民元固定金利：$β$％ →	
	満期償還　人民元 →		返済　人民元 →	

・期待収益＝$α－β$
（注）　満期償還元本および債券投資利回りともに金利リスクなし。
（出所）　筆者作成

る。この際用いる銀行借入れや金利スワップも、為替予約や通貨スワップと同様に本邦の金融機関との取引になるため、原則CNH市場のものとなり、中国本土の規制の影響は受けない。

　金利スワップもデリバティブ（金融派生商品）の１つで、同一通貨の金利を交換する契約を行うことであり、通常は変動金利と固定金利を交換する。これにより、たとえば変動金利借入れに伴う支払金利を固定金利と交換することで、借入金利を実質固定化することができる（図表２−39）。

　また金利スワップにおけるヘッジコストは、期中交換を行う固定金利と変動金利の差となる。

・ヘッジコスト＝金利スワップの支払固定金利
　　　　　　　−金利スワップの受取変動金利

図表２−39　変動金利借入れと金利スワップを用いた人民元調達スキーム

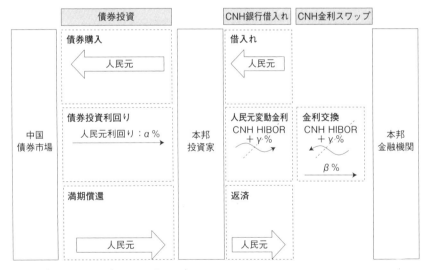

・ヘッジコスト＝β−（CNH HIBOR＋γ）
・期待収益＝α−（CNH HIBOR＋γ）−ヘッジコスト
　　　　　＝α−β

（注）　満期償還元本および債券投資利回りともに金利リスクなし。
（出所）　筆者作成

このため期待収益は、

・期待収益＝債券投資利回り－人民元借入れの変動金利
　　　　　－（金利スワップの支払固定金利
　　　　　－金利スワップの受取変動金利）

となり、金利スワップの受取変動金利を人民元借入れの変動金利と同条件に設定すれば、期待収益は、

・期待収益＝債券投資利回り－金利スワップの支払固定金利

となり、金利動向によらず期待収益が確定できる。

　なおCNH市場における資金市場の発達は、為替市場と比較すると依然途上であり、変動金利借入れの指標金利として使用されることが期待されるCNH HIBORベースでの借入れは現時点においてあまり多く利用されている手段ではない。このため、変動金利借入れの金利固定化を行う金利スワップも通貨スワップと比較して流動性やコストの観点で劣後することが多く、通貨スワップでの調達のほうが現時点で有利なことが多い。しかし一部の金融機関では通貨スワップを内在した人民元貸出を行っており、これを利用することで通貨スワップを活用した人民元調達と同様の経済効果をもった人民元借入れが可能となる。

コラム 2-1

■ 人民元クリアリングバンク ■

　人民元クリアリングバンクは、オフショア人民元市場における人民元の元締めであり、本店を介してPBOCにアクセスしている（口座を有している）。人民元クリアリングバンクはオフショア人民元市場における決済の効率性を高めるとともに、流動性供給を通じ、取引の安定性を高めることが期待されている。

　オフショアで人民元取引を行う銀行は、人民元クリアリングバンクに口座を開設し、現地での人民元の資金決済は最終的には人民元クリアリングバンク内の口座間の資金の付替えにより行われることとなり、効率的に人民元決済を行うことが可能となる。また、人民元の流動性が枯渇した際に、資金供給を行い円滑な資金決済が可能な環境を担保することも、人民元クリアリングバンクの重要な役割であり、人民元クリアリングバンクの流動性供給により取引の安定性確保が期待される。特に、大規模な流動性と決済完了性（ファイナリティ）を要する証券決済における資金決済会社としての役割は、重要であろう。なお、後段の流動性の供給に関しては、各地の人民元クリアリングバンクに応じ、対応が異なるようだ。

図表２−40　人民元クリアリングバンクの仕組み

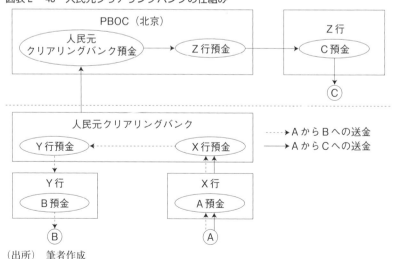

（出所）　筆者作成

また、中国本土との人民元のやりとりについても、窓口機能を担うこととなり、最終的には人民元クリアリングバンクから、PBOCを介し、中国本土へ受渡しが行われることとなる。総じていえば、円滑なオフショア人民元決済のための仕組み、と考えられる（図表２－40）。
　世界各国において香港以外の各国市場における人民元の流動性が必ずしも潤沢とはいえないなか、人民元クリアリングバンクの設置は、各地の人民元取引の効率性・安定性を高めるものである。次代のプレミアム・カレンシーと目される人民元関連の金融ビジネスをめぐる各国の市場間競争において、「必要条

図表２－41　人民元クリアリングバンクの設置状況

	人民元クリアリングバンク	設置時期
香港	BOC（現法）	2003.12
マカオ	BOC	2004.9
台湾	BOC	2013.1
シンガポール	ICBC	2013.2
ドイツ	BOC	2014.6
英国	CCB（現法）	2014.6
韓国	交通銀行	2014.7
フランス	BOC	2014.9
ルクセンブルク	ICBC	2014.9
カタール	ICBC	2014.11
カナダ	ICBC（現法）	2014.11
オーストラリア	BOC	2014.11
マレーシア	BOC（現法）	2015.1
タイ	ICBC（現法）	2015.1
チリ	CCB	2015.5
ハンガリー	BOC（現法）	2015.6
南アフリカ	BOC	2015.7
アルゼンチン	ICBC	2015.9
ザンビア	BOC	2015.9
スイス	CCB	2015.11

（出所）　報道等（2016年３月末）より筆者作成

件」となった感があり、世界各地で設置が拡大している。なお、人民元クリアリングバンクは、PBOCに口座を有することが前提となることから、中資系大手銀行の支店がPBOCから指定されるケースが多い（図表2－41）。

　本件に関連し、現在注目されるのは、人民元クロスボーダー支払システム（CIPS、RMB Cross-Border Interbank Payment System）の動向であろう。CIPSは、非居住者が関与するクロスボーダーでの人民元決済に関し、中国国内の銀行を介し上海に設置されたCIPS運営機関において決済を行うことで、決済の安全性・効率性を高めるものである。詳細は今後の運営において固まるものと思われるが、人民元の決済の関し、SWIFTやCLS（Continuous Linked Settlement）銀行の役割を果たすことを企図した取組みと思われる。当面は人民元クリアリングバンクと併存するものと思われるが、今後の動向を注視したい。

コラム 2-2

■ 中国関連ファンド ■

　本邦投資家は、国内の運用会社が提供するファンドを通じて中国本土に投資することができる。海外からの中国本土投資に関するさまざまな規制などをかんがみると、本邦投資家にとっては、中国本土への直接投資を考えるよりも、ファンドを通じた投資のほうがメリットは大きいだろう。

　国内の主要な運用会社はQFII資格を保有しており、QFII制度を利用して中国本土に投資するファンドを提供しているはか、海外の運用会社と提携したファンドも提供している。みずほフィナンシャルグループの運用会社であるアセットマネジメントOneにおいては、「DIAM中国Ａ株ファンド」「新成長中国株式ファンド」「新光中国Ａ株プラス」「DIAM人民元債券ファンド」といった公募投信を提供しているほか、中国・北京のHarvest Fund Managementの助言を活用した中国Ａ株ファンドの提供実績がある。中国Ａ株は、中国本土の上海証券取引所または深圳証券取引所に上場している人民元建ての中国企業株式であり、上記の株式ファンドはQFII制度を利用して中国Ａ株に投資している。

　ただ、本邦投資家の中国関連ファンドへの需要は低迷している。近年、日中関係が冷え込んだことから、個人投資家の中国投資への心理的ハードルは高く、中国関連の公募投信の残高は伸び悩んでいる。中国本土のみに投資する公募投信では、最大のファンドでも200億円に満たない残高である。また、年金基金などの機関投資家は、代表的な市場指数をベンチマークとした運用を行っており、中国債券や中国Ａ株は、現在代表的な市場指数に採用されていないことから、中国関連ファンドへの投資は検討されにくい状況である。

　中国関連ファンドを提供する運用会社にとっても、中国本土投資にはむずかしい点がある。その１つは、中国本土投資に関する制度が安定していないことである。例として、QFIIに対するキャピタルゲイン税があげられる。2014年10月、中国当局は突如として、QFIIに対してそれまで徴税してこなかったキャピタルゲイン税を過去５年にさかのぼって徴税するとの通知を出し、QFII資格を保有する運用会社ではその負担が問題となった。また、2015年夏には、中国Ａ株市場で大規模な売買停止が生じたことで、中国Ａ株に投資する公募投信のなかには、解約の申込受付の一時停止に追い込まれるものもあった。このように、中国本土投資では、制度変更や市場環境の急変がリスクとなっており、運

用会社にとっても中国関連ファンド設定のハードルは高い。

　しかしながら、国内総生産（GDP、Gross Domestic Product）世界第2位の経済規模である中国への投資は、運用業界にとって無視できないものであり、今後も中国関連ファンドの開発が進む可能性は高いだろう。海外からボトルネックとみなされている中国本土投資に関する諸制度も、徐々に改善されている。アセットマネジメントOneは、CSRCと、これまで数回QFII制度に関してミーティングを行っているが、CSRCが海外投資家からの意見も取り入れて中国投資を活性化させようとしている姿勢を感じており、今後も海外投資家にとって前向きな改革が行われることが期待される。

　中国A株市場については、2014年11月に上海証券取引所と香港証券取引所間の双方向取引（滬港通）が開始され、オフショアの香港経由で海外から中国A株に投資することが可能になった。深圳証券取引所についても、2016年内には香港取引所との双方向取引が開始される見込みであり、これが実現すれば、海外投資家は香港経由でほぼ自由に中国A株市場にアクセスすることが可能となる。また、2015年6月には、代表的な株式指数を算出しているMSCIが、CSRCとともに中国A株がMSCI Emerging Markets Indexに採用されるための課題解消に向けた作業部会を立ち上げた。将来、中国A株がMSCI Emerging Markets Indexに採用されれば、世界の多くの機関投資家が中国A株への投資

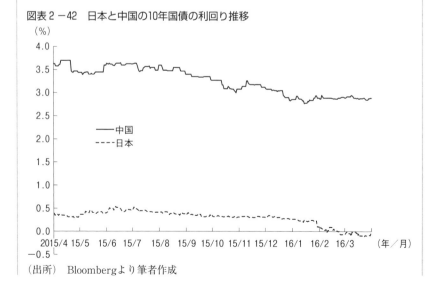

図表2－42　日本と中国の10年国債の利回り推移

（出所）　Bloombergより筆者作成

を検討することになり、中国A株に投資するファンドの開発が急速に進むことが予想される。

　債券市場では、第2章1で紹介したとおり、2016年2月、海外機関投資家に対して銀行間債券市場が開放された。日本国内では低金利の環境が続いており、日本国債よりも格付が高く、利回りも高い中国国債への投資が容易になれば、今後中国債券ファンドについても需要が増加していくことが期待される（図表2－42）。

コラム 2-3

■ 中国本土での債券業務 ■

　近年、中国インターバンク債券市場は海外の投資家にも開放されつつあるが、投資主体は大部分が中国本土の金融機関である。本コラムでは信用力、流動性の高い国債・政策性銀行債の中国本土での債券取引実務について解説する。

① 　国債・政策性銀行債のプライマリー市場
　プライマリー市場は発行体、引受団および投資家で構成されている。発行体は財政部・中国人民銀行・政策性銀行（中国国家開発銀行・中国輸出入銀行・中国農業発展銀行）である。財政部は３年ごとに中国国債の引受団を選定する（資料②）。中国人民銀行債の引受団は公開市場操作のプライマリーディーラーにより構成されており、公開市場操作の一環として発行が行われる。
　政策性銀行は年次で引受団を選定する（資料③～⑤）。引受団資格を保有しない投資家は引受団を通じて入札に参加する。入札事務や落札債券の決済にはCCDCのシステムが使用されており、本機構主催の実務研修も行われている。
　みずほ銀行の中国現地法人であるみずほ銀行（中国）は2016年に中国国家開発銀行債・中国輸出入銀行債・中国農業発展銀行債の引受団メンバーに日本の金融機関として初めて選定され、引受業務を行っている。

② 　国債・政策性銀行債のセカンダリー市場
　セカンダリー市場の参加者は銀行、証券会社、ファンド、海外投資家などで構成されている。また、上記の市場参加者はマーケット・メイカーと一般参加者に分けられる。セカンダリー市場の債券現物取引を行うディーラーはCFETSの取引資格の取得が義務づけられている。債券の受渡しは原則、当日受渡し（Ｔ＋０）もしくは翌営業日受渡し（Ｔ＋１）のいずれかで行われ、銀行間コール市場の取引システム（通称コールシステム）を通じて次の３つの方法で成約される。
　(a)　直接約定
　買い手と売り手が債券の種類・レート・金額を直接交渉し、双方がコールシステムで約定内容を送信して成約する。

(b) ブローカー約定

ブローカーに買いニーズ・売りニーズを呈示して、条件に合致する取引相手を探し、双方がコールシステムで約定内容を送信して成約する。

(c) マーケット・メイカーとの約定

コールシステム上でマーケット・メイカーによって呈示される取引内容で成約する。マーケット・メイカーは債券市場でアクティビティの高い金融機関から選定され、2016年6月現在、正式マーケット・メイカー30社とトライアル・マーケット・メイカー50社（みずほ銀行（中国）も含む）によって構成されている。マーケット・メイカーは以下の2種類のマーケット・メイクを行うことで合理的なプライスを呈示し、市場に流動性を供給している。

i 両サイドクォート

国債、政策性銀行債、CP・社債等のクレジット債よりそれぞれ1銘柄以上合計6銘柄以上のOffer-Bid価格をコールシステム上で取引時間中に継続的に提示する（図表2－43）。市場参加者はワンクリックで成約することが可能である。

図表2－43　両サイドクォートの取引画面イメージ

債券コード	残存期間	受渡日	購入（Bid）				売却（Offer）			
			価格提供者	購入金額（万元）	価格（元）	利回り（%）	利回り（%）	価格（元）	売却金額（万元）	価格提供者
150001	93D	T＋1	●●銀行	3,000	100.1841	2.3501	2.1	100.2484	5,000	▲▲銀行
150302	1.28Y	T＋0	××銀行	5,000	103.192	3.04	2.97	103.2794	5,000	■■銀行

（出所）　筆者作成

ii　RFQ（Request For Quotation）

コールシステム上で市場参加者からのインディケーション要求を受け取り、プライス提示を行う。提示した金額、価格での成約義務が発生する（図表2－44）。

成約された取引はCCDCのシステムを通じて取引内容の確認が行われ、CCDCの資金口座および債券口座を通じてDVP決済される（一部の金融機関はCNAPSの資金口座を使用）。

③　国債・政策性金融債の債券銘柄の採番ルール

債券の銘柄は発行された年、発行体、発行の順番によって採番される（図表2－45）。市場参加者の間では本番号で銘柄を特定し、取引を行っている。

図表2－44　RFQの取引画面イメージ

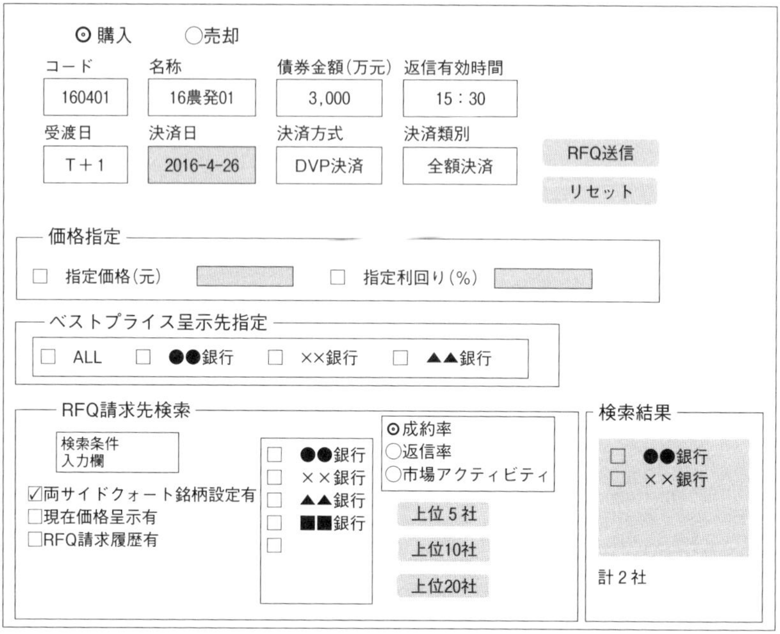

```
◉購入　　○売却
コード        名称         債券金額(万元)   返信有効時間
[160401]    [16農発01]    [3,000]      [15：30]
受渡日        決済日        決済方式       決済類別
[T＋1]       [2016-4-26]  [DVP決済]     [全額決済]    [RFQ送信]
                                                 [リセット]

─価格指定─────────────────────────
  □ 指定価格(元) [      ]   □ 指定利回り(%) [      ]

─ベストプライス呈示先指定───────────────
  □ ALL    □ ●●銀行    □ ××銀行    □ ▲▲銀行

─RFQ請求先検索─────────────         ─検索結果──
 ┌─────────┐  □ ●●銀行   ◉成約率       □ ●●銀行
 │検索条件  │  □ ××銀行   ○返信率       □ ××銀行
 │入力欄    │  □ ▲▲銀行   ○市場アクティビティ
 └─────────┘  □ ■■銀行
 ☑両サイドクォート銘柄設定有  □        [上位5社]    計2社
 □現在価格呈示有                        [上位10社]
 □RFQ請求履歴有                         [上位20社]
```

（出所）　筆者作成

図表2－45　債券銘柄の採番ルール

```
例：  債券番号        債券名称
     150013x2        15国債13

     00  利付国債
     99  割引国債
     01  中央銀行手形
     02  開銀債
     03  輸銀債
     04  農発債
```

（出所）　筆者作成

【資料② 中国国債引受団リスト】

番号	名称	番号	名称
甲類業者：		25	徽商銀行
1	中国工商銀行	26	長沙銀行
2	中国農業銀行	27	洛陽銀行
3	中国銀行	28	恒豊銀行
4	中国建設銀行	29	寧波鄭州農村合作銀行
5	交通銀行	30	香港上海銀行（中国）
6	中信銀行	31	浙商銀行
7	中国光大銀行	32	江蘇銀行
8	上海浦東発展銀行	33	スタンダードチャータード銀行（中国）
9	招商銀行	34	JPモルガン（中国）
10	南京銀行	35	国家開発銀行
11	平安証券	36	中信建設証券
12	中信証券	37	国泰君安証券
13	中国郵政貯蓄銀行	38	華泰証券
乙類業者：		39	広発証券
14	華夏銀行	40	申銀万国証券
15	興業銀行	41	光大証券
16	平安銀行	42	国信証券
17	中国民生銀行	43	招商証券
18	北京銀行	44	東方証券
19	上海銀行	45	中国国際金融
20	広発銀行	46	国海証券
21	天津銀行	47	安信証券
22	河北銀行	48	第一創業証券

23	杭州銀行	49	北京農村商業銀行
24	寧波銀行	50	上海農村商業銀行

(出所)China Bond

【資料③　国家開発銀行引受団のリスト】

番号	名称	番号	名称
1	中国工商銀行	42	アモイ国際銀行
2	中国農業銀行	43	河北銀行
3	中国銀行	44	中原銀行
4	中国建設銀行	45	華融湘江銀行
5	交通銀行	46	中国人寿資産管理
6	中信銀行	47	中国平安人寿保険
7	中国光大銀行	48	泰康資産管理
8	華夏銀行	49	北京農村商業銀行
9	上海浦東発展銀行	50	上海農村商業銀行
10	広発銀行	51	広州農村商業銀行
11	興業銀行	52	江蘇江南農村商業銀行
12	招商銀行	53	広東順徳農村商業銀行
13	平安銀行	54	雲南省農村信用連合社
14	恒豊銀行	55	広東南海農村商業銀行
15	中国民生銀行	56	山西省農村信用連合社
16	渤海銀行	57	浙江省農村信用連合社
17	浙商銀行	58	成都農村商業銀行
18	北京銀行	59	国泰君安証券
19	天津銀行	60	中信証券
20	上海銀行	61	招商証券
21	ハルビン銀行	62	第一創業証券
22	晋商銀行	63	広発証券
23	洛陽銀行	64	東方証券
24	斉魯銀行	65	中国国際金融
25	斉商銀行	66	中信建設証券

26	南京銀行	67	国海証券
27	杭州銀行	68	平安証券
28	福建海峡銀行	69	東海証券
29	長沙銀行	70	信達証券
30	珠海華潤銀行	71	長城証券
31	ウルムチ銀行	72	華泰証券
32	富滇銀行	73	中山証券
33	大連銀行	74	モルガンスタンレー華鑫
34	盛京銀行	75	光大証券
35	鄭州銀行	76	チベット同信証券
36	アモイ銀行	77	中国郵政貯蓄銀行
37	龍江銀行	78	香港上海銀行（中国）
38	寧波銀行	79	BNPパリバ銀行（中国）
39	青島銀行	80	三菱東京UFJ銀行（中国）
40	西安銀行	81	みずほ銀行（中国）
41	徽商銀行		

（出所）China Bond

【資料④　輸出入銀行引受団のリスト】

中国工商銀行	江蘇銀行	九江銀行
中国農業銀行	斉魯銀行	北京農村商業銀行
中国銀行	蘇州銀行	上海農村商業銀行
中国建設銀行	盛京銀行	広州農村商業銀行
交通銀行	成都銀行	成都農村商業銀行
中国郵政貯蓄銀行	大連銀行	浙江省農村信用合作社連合社
中信銀行	包商銀行	雲南省農村信用合作社連合社
中国光大銀行	龍江銀行	濰坊市農村信用合作社連合社
華夏銀行	杭州銀行	寧波鄭州農村合作銀行
広発銀行	南京銀行	三菱東京UFJ銀行（中国）
上海浦東発展銀行	青島銀行	みずほ銀行（中国）
興業銀行	洛陽銀行	国海証券
招商銀行	長沙銀行	国泰君安証券
浙商銀行	広州銀行	中信証券
恒豊銀行	ウルムチ銀行	第一創業証券
渤海銀行	錦州銀行	招商証券
平安銀行	江西銀行	華泰証券
北京銀行	鄭州銀行	東海証券
上海銀行	東莞銀行	興業銀行
天津銀行	アモイ銀行	渤海銀行
徽商銀行	中原銀行	宏海銀行
河北銀行	温州銀行	中国人寿資産管理

（出所）　China Bond

【資料⑤】　農業発展銀行引受団のリスト

A類業者	
中国工商銀行	長沙銀行
中国農業銀行	渤海銀行
中国銀行	中信証券
中国建設銀行	国海証券
交通銀行	東方証券
中国郵政貯蓄銀行	第一創業証券
平安銀行	光大証券
上海浦東発展銀行	西南証券
杭州銀行	中山証券
南京銀行	招商証券
盛京銀行	安信証券
洛陽銀行	広州農村商業銀行
浙商銀行	
B類業者	
中国光大銀行	東莞銀行
中国民生銀行	アモイ国際銀行
招商銀行	中原銀行
華夏銀行	成都農村商業銀行
興業銀行	北京農村商業銀行
中信銀行	上海農村商業銀行
広発銀行	広東順徳農村商業銀行
北京銀行	広東南海農村商業銀行
上海銀行	寧波鄭州農村合作銀行
天津銀行	潍坊市農村信用合作社連合社
江蘇銀行	浙江省農村信用合作社連合社

徽商銀行	雲南省農村信用合作社連合社
ハルビン銀行	遼寧省農村信用合作社連合社
ウルムチ銀行	東興証券
錦州銀行	信達証券
包商銀行	華泰証券
アモイ銀行	中国国際金融
河北銀行	国信証券
威海市商業銀行	国開証券
青島銀行	国泰君安証券
鄭州銀行	中徳証券
福建海峡銀行	渤海証券
成都銀行	新時代証券
斉魯銀行	広州証券
富滇銀行	中国人寿資産管理
華融湘江銀行	みずほ銀行（中国）

（出所）　China Bond

第 3 章

債券発行の実務

本章では、本邦企業やその現地法人の人民元建て債券発行による人民元調達を念頭に、人民元建て債券の概要や、発行事例の紹介、および規制緩和の動向につき、実務面もふまえ解説したい。

人民元調達手法の整理

(1) 概　　観

　中国経済の成長や、中国ビジネスの拡大に応じ、企業の人民元調達ニーズは増加することが想定される。また、人民元国際化の流れのなかで、内外を問わず人民元の利活用が拡大する可能性は大きい。日本は中国の隣国であり、多くの本邦企業が生産拠点もしくは消費市場として中国へ進出している。また、人民元国際化の影響を強く受ける東アジア地域において、人民元を用いる可能性も拡大が予想される。本邦企業にとっても、将来的には人民元の調達が課題となろう。

　人民元の調達に関しては、過去は、中国本土（オンショア）における間接金融、すなわち人民元ローンが中心であった。一方、ここ数年は規制緩和により、中国本土外（オフショア）での人民元調達が可能となるとともに、債券発行等直接調達手法の活用の余地が拡大し、オンショア・オフショア双方で、人民元建て債券が発行されている（図表3－1）。

(2) 間接調達

　人民元ローンは、中国本土における銀行借入れであり、本邦企業の立場からいえば、借入人は中国現地法人となる。過去には中国人民銀行（PBOC、The People's Bank of China）は、銀行の貸出金利に上限下限を設定するといった規制を行っていたが、2004年に上限、2013年に下限が撤廃された。ただし、PBOCは現在も基準金利を提示しており（図表3－2）、中国における

図表3－1　人民元調達手法の整理

	オンショア	オフショア
間接調達	○中国国内の人民元ローン ・中国本土における銀行借入れ ・借入人は中国現地法人 ・適用金利はPBOC基準金利の影響下 ・1グループ／1社与信規制等、中国当局規制に服す	○人民元建てオフショアローン ・中国本土外からの銀行借入れ ・貸出人は中国国外の金融機関等 ・親子ローンの活用も可
直接調達	○本土債 ・中国本土の債券市場で発行 ・発行体は中国現地法人（居住者） ○パンダ債（熊猫債） ・中国本土の債券市場で発行 ・発行体は日本の親会社等（非居住者）	○オフショア人民元建て債券 ・香港などのオフショア市場にて人民元建て債券を発行 　－発行地により、点心債、宝島債、獅城債等 ・発行体は日本の親会社等中国外の法人

（出所）　筆者作成

図表3－2　PBOCの貸出基準金利

期間	金利（％）
1年	4.35
1～5年	4.75
5年超	4.90

（注）　2015年10月24日より適用。
（出所）　PBOCより筆者作成

　銀行借入れは、借入人の信用力等に応じてPBOCの基準金利に加減することが一般的である。なお、最近は地域ごとに貸出金利の下限設定を復活させる動きもあり、留意を要する。
　なお、金利以外にも人民元ローンにはさまざまな規制が存在する。現在は

特に、グループごと、もしくは個社ごとの与信規制（Legal lending limit）が重要と思われる

　これまで銀行の貸出を制約していたものが預貸比率規制である。これは、個別銀行の貸出の預金に対する比率を75％以下とする規制であり、銀行の過度な貸出拡大を抑制する効果を有していた。なお、本規制を背景に、各銀行には貸出ができない余剰資金が生じ、余資運用のため、有価証券投資を行うこととなった。なお、この預貸比率規制は2015年には撤廃されており、中国の景気減速に伴い、歴史的な使命を終えたともいえよう。

　一方、中国本土外（オフショア）での間接調達については、オフショアの金融機関等から人民元建て借入れを行うオフショアローンが存在するが、人民元の国際化に伴いその活用が拡大している。本邦企業の事例をみると、主に日本や香港等のオフショアにて、親会社（中国本土外の非居住者）が中国本土外の金融機関等から人民元建てで借入れを行い、そのまま中国現地法人（中国本土の居住者）へ転貸する、いわゆる親子ローンの形式も多いと思われる。

　こうした人民元建てオフショアローンの活用が増えている背景の1つには、第2章5で説明したとおり、中国当局による資本規制を背景に、オンショアの人民元（CNY）とオフショアの人民元（CNH）の間で為替レートや金利の水準にギャップが存在することがあげられる。ただし、中国では、現地法人等が、親子ローンなどの対外債務（外債）を活用する場合、外債枠（もしくは投注差、登記上の「総投資額」と「登録資本金（注冊資本金）」の差額）の範囲内でのみ認められており、また、すべての外債は国家外貨管理局（SAFE、State Administration of Foreign Exchange）にて登記を行う必要がある（外債登記）。すなわち、居住者によるオフショアからの資金調達に関しては、中国の対外債務管理規制によりその上限額等が定められており、親子ローンもその対象に含まれることから、無制限に資金調達を行うことはできないのが実情である。

(3) 直接調達

　人民元ローンにさまざまな制約が存在するなか、第1章4で説明したように、中国当局の育成方針を背景に、オンショアの直接調達が拡大してきた経緯がある。本書では、便宜的に発行体に応じ、本土の債券市場において中国の居住者が発行する債券を「本土債」、中国の非居住者が発行する債券を「パンダ債」（熊猫債）と呼ぶ。

　本邦企業の立場からみれば、中国本土の債券市場で中国現地法人が発行する債券が本土債であり、本邦企業自身、すなわち日本の親会社等が発行する債券がパンダ債に該当する。なお、パンダ債については、発行実績は現在まで限定的である。

　中国本土での債券発行と人民元ローンとの関係で注目すべきは、金利規制であろう。上述のとおり、人民元ローンは事実上貸出金利規制が存在し、もしくは、PBOCの基準金利の影響を受けているが、債券発行については金利規制が存在せず、過去より自由金利商品として位置づけられていた。債券が商業銀行を中心に保有されている環境下、貸出金利との一定の連動は存するものの、高い信用力を有する発行体にとっては、債券発行は金利面で魅力的であったものと思われる。

　なお、オフショア人民元市場の拡大に伴い、現在ではオフショアで人民元借入れを行い、親子ローンで中国本土へ持ち込む、人民元建てオフショアローンの活用も可能となっている。オンショアに比しオフショアの調達環境が良好である場合、有効な調達手段となる可能性がある。

　オフショア人民元市場の拡大に伴い、世界各地でオフショア人民元建て債券の発行が行われ、オフショア人民元建て債券市場が形成されつつあることも、人民元国際化の証左として重要な動きといえる（コラム1-1）。そのようななか、親子ローンを行うための人民元調達を、オフショア人民元建て債券発行により行う発行体も存在するようである。中国本土での事業の性質によっては、長期的かつ安定的といった性質を有する債券調達が、親子ローン

原資の調達手法として有用である可能性がある。

また、人民元建て債券に限らず一般論として、間接調達に比し直接調達のメリットとしては、①中長期かつ満期一括返済の資金調達が可能、②より幅広い投資家が参加可能、および、③低利調達が可能、といった点があげられる（図表3－3）。これらのメリットは、人民元建て債券においても同様に実現可能と考えられる。

ただし、②より幅広い投資家の参加可能性については、第1章2で説明したとおり、中国本土の債券市場における機関投資家の育成が進められている途上であり、かつ、債券を取得する投資家が商業銀行中心であるため、銀行融資の延長線上でとらえる必要がある。このため、債券発行による資金調達によって商業銀行以外に投資家層を拡大する効果については現状では限定的と考えられる。ただし、中国は広大な国土を有しており、たとえば農村商業銀行といった業態など、各地に多様な性質の金融機関が多数存在することから、債券発行により証券仲介業者のネットワークを活用することで、ローンではアクセスできない多様な金融機関へアクセスする意義は認められるように思われる。

図表3－3　債券発行による資金調達のメリット

	メリット	備考
①	中長期かつ満期一括返済の資金調達が可能	中国本土では1年超の長期ローンが一般的でないのに対し、債券発行は3～5年の中長期資金の調達が可能
②	より幅広い投資家が参加可能	多額の資金調達を行う際、借入れの場合は総量規制により多数の銀行から資金調達を行う必要があるため交渉に労力が必要
③	低利調達が可能	債券は従来から発行体と投資家の交渉による自由金利での発行が可能。借入れは規制撤廃後もPBOCの基準金利の影響を受けている状況

（出所）　筆者作成

なお、債券運用は長期安定投資に合致した手段であり、保険や年金といった機関投資家が投資の担い手となることが望ましい。中国の経済発展に伴い、社会保険制度の整備は中国当局にとっても重要な課題となっており、その根幹を担う機関投資家の育成は、今後ますます重視されよう。今後、商業銀行以外の機関投資家による債券購入が拡大する可能性にかんがみれば、将来的には投資家層の多様化といったメリットを享受する余地は拡大するものと考えられる。

(4) 人民元建て債券の種類

　ここではあらためて、人民元建て債券の種類について、本邦企業による発行を念頭に、説明したい。

a　概　　要

　人民元建て債券の発行形態としては、発行地や発行体に応じ以下の3パターンが存在する（図表3－4）。

図表3－4　人民元建て債券の概要

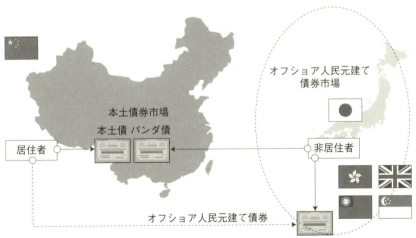

（出所）　筆者作成

①　本土債:中国本土で発行する人民元建て債券
②　オフショア人民元建て債券:中国本土外で発行する人民元建て債券
③　パンダ債（熊猫債）:中国本土で非居住者が発行する人民元建て債券

　なお、本邦企業の発行実績としては、2012年1月に三菱商事の中国現地法人が本土債を発行しており、メガバンクや自動車関連の中国現地法人による発行実績も存在する。また、オフショア人民元建て債券（コラム1-1）に関しては、2011年3月のオリックスによる発行を嚆矢とし、以降、リース会社を中心に継続的な発行が行われている。一方、パンダ債については、最近発行事例は増加しているものの、本邦企業による発行実績は2016年12月時点では存在しない。本邦企業のパンダ債発行における課題については、後述する。

　発行市場と発行体（居住者か非居住者か）以外に、留意すべきは、中国における対外債務管理における取扱いであろう（図表3-5）。各種人民元建て

図表3-5　人民元建て債券の比較

	本土債	オフショア人民元建て債券	パンダ債
発行市場	本土	オフショア	本土
発行体（中国の）	居住者	居住者 非居住者	非居住者
本邦企業の発行	三菱商事　ほか	実績多数	―
本土での取扱い	内債	外債	（親子ローンは）外債
金利	自由金利	自由金利	自由金利
会計	中国基準／IFRS／HK-GAAP	―	中国基準／IFRS／HK-GAAP
格付	中国	国際	中国
開示言語	中国語	英語	中国語
監査	中国	国際	中国

（出所）　筆者作成

債券に関していえば、本土債は現地法人等の中国の居住者が中国本土の債券市場で発行するものであり、当然、外債ではなく内債として扱われる。一方、オフショア人民元建て債券については、本土外のオフショア人民元建て債券市場で調達した資金であり、本土で活用する場合は、外債として取り扱われることとなる。そのようななか、パンダ債の取扱いには注意を要する。

パンダ債は本土の債券市場で非居住者が発行する債券であり、日本におけるサムライ債（日本の非居住者が発行する円建て債券）と同様の商品性で、資金源（発行市場）は中国本土である。ただし、パンダ債の発行体は非居住者であり、本土の現地法人が用いる際は、親子ローン等でパンダ債の発行体（非居住者）から、中国現地法人（居住者）へ資金を供与する必要が生じる。現在、中国当局は、このような資金の流れに着目し、パンダ債で調達した資金が親子ローンで中国現地法人に提供される場合、資金の性質は本土の資金であるものの、あくまで外債として整理している状況である。

また、会計、格付、開示言語、監査、といった点についても留意が必要である。本土債とパンダ債は中国本土債券市場で発行されるものであり、中国本土のルールに従うこととなる。会計基準は中国基準および中国国内での利用が認められている国際財務報告基準（IFRS、International Financial Reporting Standards）もしくは香港基準（HK-GAAP）を用いることが求められる。また、格付については、中国本土の格付会社より格付を取得する必要がある。開示言語や監査といった点も同様である。

パンダ債についても、中国本土で発行される債券である以上、例外ではなく、中国本土の各種ルールが適用される。一方、パンダ債の発行体は中国の非居住者であり、一義的には中国の法規に従うべき存在ではないことから、さまざまな矛盾が生じることとなる。

一方、オフショア人民元建て債券については、国際的な債券市場のルールに基づき発行されており、格付会社や監査法人に関しては国際的に活動する主体の関与が一般的となっており、開示言語も英語である。

人民元建て債券の発行においては、これらの点を意識し、検討を進めるこ

とが重要である。

b 中国現地法人による本土債発行

本邦企業の中国本土での債券発行に関しては、中国現地法人が本土債を発行するケースと、親会社等が中国本土でパンダ債を発行するケースが存在する。ここではまず本邦企業の債券発行を念頭に、中国本土の社債市場に関し説明したい。

第1章2で説明したように、中国本土の債券市場においては多様な商品性が存在する。本邦企業の中国現地法人による社債発行において、中心的に検討すべき商品は、MTN（Midium Term Note）であろう（図表3－6）。

MTNという言葉は、ユーロ債市場において一般的には債券発行枠を指

図表3－6　中国における社債の商品性概要（図表1－12再掲）

	SCP	CP	MTN	私募債	企業債	公司債
発行開始	2010.12	2005.5	2008.4	2011.5	1985	2007
発行体	非金融企業					
期間	270日以内	1年以内	2年以上	—	—	1年超
発行額	1兆元	1兆元	4兆元	2兆元	3兆元	2兆元
発行認可	登録制				認可制（私募公司債は届出制）	
所管当局	NAFMII				NDRC	CSRC（注）
市場	銀行間債券市場				銀行間債券市場／取引所市場	
引受業者	商業銀行が中心				証券会社が中心	
証券決済機関	上海清算所				中央国債登記	中国証券登記

（注）　私募の場合は中国証券業協会への届出。
（出所）　NAFMII、NDRC、CSRC等より筆者作成

す。一方、中国においては、その名のとおり期間中期で発行される1本1本の債券そのものを意味している（中国語では中期票据）。

中国のMTNは、日本の社債に相当する商品性であり、中国本土債券市場の大宗を形成する銀行間債券市場の中核的な商品である。足元は発行年限なども多様となっている（コラム3－1）。本邦企業の中国現地法人が中国本土で債券を発行する際は、MTNが第一の候補となろう。なお、企業債は国家発展改革委員会（NDRC、National Development and Reform Commission）が所管し、中国の経済運営において重要な企業に発行が認められるものであり、また、公司債は中国の上場企業による発行を前提とした枠組みであることから、中国現地法人による発行にはなじまないように思われる。

c　親会社等によるパンダ債発行

本邦企業自身が中国本土債券市場で債券を発行する場合は、中国本土の非居住者であることから、パンダ債を発行することとなる。第1章2でも説明したとおり、パンダ債は、中国本土で非居住者が発行する人民元建て債券を指す。日本の債券市場における商品性との比較では、サムライ債（日本の国内債券市場において非居住者が発行する円建て債券）に該当する。

本邦企業は最近こそ人民元調達ニーズは乏しいものの、中国市場・ビジネスの規模をふまえると、将来的に人民元の安定調達基盤の拡充が財務上の課題となる蓋然性は高い。

パンダ債は、中国現地法人ではなく親会社（本社）のクレジットで潤沢な人民元の流動性を有する中国本土債券市場にアクセスすることを可能とする商品である。経常黒字かつ社会保障制度の整備の進展により機関投資家の成長が予想される中国の経済・金融環境や、人民元国際化の進展をふまえると、本邦企業の財務戦略において有用なツールとなる可能性を有しており、戦略的な対応を要する資金調達手法と思われる。なお、パンダ債発行は、中国市場へのコミットを示す意味でも有益であろう。

一方、本邦企業のパンダ債発行において、いくつかの障害が存在する。ま

ず会計基準に関しては、本邦企業が多数利用する日本会計基準や米国会計基準は中国において認められておらず、すなわち、パンダ債発行においては、IFRS採用企業であることが大前提となるだろう。なお、たとえIFRS適用企業であったとしても、監査・格付・中国語対応、といった発行実務における課題が存在することには留意が必要であろう。

また、対外債務管理については、パンダ債によって調達された資金は、本質的には中国国内の投資家から調達した国内資金であるが、パンダ債の発行体である親会社より子会社への親子ローンを介することで、「外債」として扱われることが確認されている。すなわち、中国現地法人の「外債枠」を費消することとなる。外債扱いとなる以上、相対的に発行手続等が簡便なオフショア人民元建て債券と、対外債務管理における差異が見出せず、パンダ債発行のインセンティブを欠く状況にある。

なお、外債枠を有する一般事業法人においては、外債枠を緊急時に海外から資金供給を行うために空けておくといった考え方も多くみられることにも配慮が必要であろう。加えて、中国銀行業監督管理委員会（CBRC、China Banking Regulatory Commission）の監督下にあるオートローン会社については、相対的に人民元需要が旺盛であり、調達基盤拡充に関し意識が高いものと思われるが、CBRCの規制上、そもそも外債枠が存在せず、パンダ債で獲得した人民元を子会社で活用することができないこととされている。これらをふまえると、会計基準と対外債務管理における取扱いが、本邦企業のパンダ債活用の障害と整理される。

パンダ債の発行に関しては、点心債などのオフショア人民元建て債券との比較も重要となろう。両者は、非居住者の人民元調達手法という面では同様の性質を有している。特に調達した人民元を中国本土へ持ち込んで活用する場合については、中国本土の対外債務管理において両者ともに外債扱いとなることから、発行体は両者を比較し、ニーズにあった資金調達手法を選択することとなる。そのような意味では、足元の状況は規制全般および、開示・会計基準・格付機関といった多様な切り口で、オフショア人民元建て債券が

図表 3 − 7　パンダ債とオフショア人民元建て債券の比較

	発行地	対外債務管理	金利	規制全般	開示	会計基準	格付機関
パンダ債	中国本土	外債	自由金利	煩雑	中国語	中国／IFRS／HK GAAP	中国（注）
オフショア人民元建て債券	中国本土外	外債	自由金利	簡易	英語	—	グローバル

（注）　少なくとも1社は中国の格付機関より格付を取得する必要あり。
（出所）　筆者作成

優位に立っているように思われる（図表 3 − 7）。

　パンダ債の発行はオフショア人民元建て債券との比較においては、中国本土の豊富な人民元の流動性にアクセス可能との本来的なメリットが存在する。足元のオフショア人民元建て債券の優位性は、中国本土の規制に立脚したものということができる。人民元調達手法の優劣判断においては、今後の規制動向のフォローが重要となろう。

人民元建て債券発行事例

　中国本土およびオフショアの人民元建て債券市場の拡大に伴い、本邦企業の人民元建て債券発行事例も増加している。また、本邦企業に限らず、特筆すべき債券発行も行われている、ここでは、公開情報に基づき、本邦企業を中心に、人民元建て債券発行事例を確認していきたい。

(1)　オフショア人民元建て債券（点心債）

　本邦企業の人民元建て債券発行は、オリックスによる点心債発行を嚆矢と

第 3 章　債券発行の実務　183

する。点心債市場は2011年以降、人民元国際化や元高を背景に急拡大したが（コラム 1 - 1）、本邦企業も2011年以降点心債市場を活用しオフショア人民元建て債券を発行している（図表 3 - 8）。

　点心債の発行スキームは、香港の証券決済機関である、①CMU（Central Moneymarkets Unit）を証券決済機関として活用するスキーム（CMUスキーム）と、②国際的な証券決済機関（ICSD、International Central Securities Depository）であるユーロクリアやクリアストリームを証券決済機関として活用するスキーム（ICSDスキーム）の 2 種類が存在し、たとえば、中国企業や地場企業については、①の活用が多いようだ。一方、本邦企業については、日本の税制への対応との観点から、②の活用が多いように思われる。

　なお、三菱UFJ銀行（中国）有限公司は日本の親会社ではなく、中国現地法人による発行である。

図表 3 - 8　本邦企業の主な点心債発行実績

発行体	発行日	発行額（億元）	期間（年）	利率（％）
オリックス	2011. 3 .24	4	3	2.00
三菱UFJリース	2011. 4 . 8	2	2	1.65
東京センチュリーリース	2011. 4 .28	2	3	2.70
三井住友ファイナンス＆リース	2011. 9 .12	2	2	2.50
三井住友ファイナンス＆リース	2011. 9 .12	3	3	3.00
オリックス	2011.11.29	5	3	4.00
三井物産	2012. 3 . 1	5	5	4.25
日立キャピタル	2012. 3 .22	5	3	3.75
三井住友ファイナンス＆リース	2012. 8 . 3	6	3	4.00
三菱UFJリース	2014. 2 .24	5	3	3.28
三菱UFJ銀行（中国）有限公司	2014. 5 .26	10	3	3.05

（出所）　プレスリリース等より筆者作成

(2) 三菱商事によるCP発行

　本邦企業の中国本土における債券発行の第一号は、三菱商事の中国現地法人である三菱商事（中国）有限公司である。外資系事業会社では初の社債発行であり、先駆的な事例といえよう（図表3－9）。

　発行された社債は期間1年のCPであり、引受主幹事には中国銀行が就任するとともに、三菱UFJ銀行（中国）有限公司がアドバイザーに就任している。なお、三菱商事（中国）有限公司はその後も適宜CPを発行している。

　三菱商事（中国）有限公司以外の本邦企業では、トヨタグループの中国におけるオートローン会社である、豊田汽車金融（中国）有限公司が金融債を発行している。発行日は2013年10月18日であり、発行条件は、発行額13億元、期間3年、利率5.60％であった。

　なお、オートローン会社（自動車販売金融会社）は、第1章2で説明した

図表3－9　三菱商事（中国）有限公司の発行条件

発行体	三菱商事（中国）有限公司
種類	CP
通貨	CNY
期間	1年
金額	5億元（約60億円）
利率	6.73％
額面	100元
発行体格付	AA（中誠信国際信用格付）
債券格付	A－1（中誠信国際信用格付）
引受主幹事	中国銀行
アドバイザー	三菱東京UFJ銀行（中国）有限公司
発行日	2012.1.15

（出所）　プレスリリースおよび報道より筆者作成

とおり、CBRCが所管しており、発行する社債は金融債に分類されることとなる。

(3) 3メガバンクによる金融債発行

2010年から2012年にかけて、日本の3メガバンクも金融債を発行している（図表3－10）。第1章2で説明したとおり、中国においては商業銀行の発行する債券は金融債に該当することとなるが、この金融債は、日本においては銀行普通社債に相当する商品性である。

中国においては、中長期の資金調達手段が乏しく、金融債発行は数少ない中長期の資金調達手段である。ただし、中国の商業銀行の負債構造が預金中心であるなか、金融債発行による資金調達は相対的にコスト高であることも事実であり、現状も、金融債発行が、外資系金融機関の主要な資金調達手段となるには至っていないように思われる。

図表3－10　3メガバンクの金融債発行条件

発行体	三菱東京日聯銀行（中国）有限公司	みずほコーポレート銀行（中国）有限公司	三井住友銀行（中国）有限公司
金額	10億元	10億元	10億元
発行日	2010.5.21	2012.4.23	2014.4.29
期間	2年	2年	2年
利率	3か月SIBOR＋0.48%	4.55%	5.80%
格付	AAA	AAA	AAA

（出所）　各社プレスリリース等より筆者作成

(4) ダイムラーのパンダ債発行

ダイムラーは、2014年3月に民間企業としては第一号のパンダ債を発行した（図表3－11）。発行額は5億元、期間は1年、利率は5.2%であった。利率については、同時期の有力国有企業による債券発行の平均を下回ってお

図表 3-11　ダイムラーのパンダ債発行条件

発行体	ダイムラー（Dimler AG）
種類	PPN（私募債）
通貨	CNY
期間	1年
金額	5億元（約80億円）
利率	5.2%
額面	100元
発行体格付	AAA（中債資信格付）
引受主幹事	中国銀行
投資家	大手5大銀行中心
発行日	2014.3.14

（出所）　報道等より筆者作成

り、相対的に優位なファイナンスであったものと考えられる。なお、投資家が大手5大銀行（中国工商銀行、中国建設銀行、中国銀行、中国農業銀行、交通銀行）中心となっていることは、政策的な色彩や支援姿勢を映じたものと評価できよう。

　ダイムラーのパンダ債発行における中国政府の意図としては、洗練された行動が期待できる非居住者に債券発行市場を開放することで、中国本土の債券市場の成熟化や金融ビジネス拡大への触媒となることが期待されたようだ。なお、中国の習近平国家主席が同年3月末にドイツを訪問したことも、背景として意識する必要がある。

　一方、ダイムラーのパンダ債発行においては、いくつかの課題が浮き彫りとなった。本邦企業による活用との観点からは、特に第3章1でも触れたとおり、①会計基準、および、②対外債務管理、が重要である。

　まず、①会計基準に関しては、ダイムラーはIFRS採用企業であり、パンダ債の発行時の開示においては、中国政府がすでに中国会計基準とIFRSの

同等性を認識していることから、IFRSをベースに中国会計基準との差異について説明を加えるかたちが採用された。すなわち、既存の決算を中国会計基準ベースに読み替える必要は生じなかった。この点については、ダイムラーのパンダ債発行形態が私募であったこととの関係がポイントと思われる。中国債券市場における公募・私募の概念は、必ずしも日本のように開示の有無を指すものではないが（私募でも開示が行われるケースが存在する）、投資家の同意を前提に一定程度規制を緩める効果が期待できよう。

また、②対外債務管理に関しては、パンダ債によって調達された資金は、本質的には中国国内の投資家から調達した国内資金であるが、パンダ債の発行体である親会社より子会社への親子ローンを介することで、「外債」として扱われることが確認されている。すなわち、中国現地法人の「外債枠」を費消することとなる。

なお、ダイムラーのパンダ債発行は、資金需要が旺盛な中国のオートローン子会社の資金調達の一環として企図されたと思われる。一方、オートローン会社に関しては、所管するCBRCの規制において外債の活用が禁じられており、結果として、ダイムラーはパンダ債発行で獲得した人民元を、中国のオートローン子会社に直接親子ローンで貸与することはできなかったようだ。

上述のとおり、ダイムラーのパンダ債発行においては、中国の規制環境の問題点を浮き彫りにするものとなった。本邦企業のパンダ債発行においても示唆に富む。

なお、中国当局は人民元国際化への取組みのなかでパンダ債を重視しており、国際通貨基金のSDRにおける人民元の取扱いをめぐる議論が活発となるなか、2015年9月以降、香港上海銀行と中国銀行の香港現地法人が相次いでパンダ債を発行している（コラム3-2）。

(5) オートローン会社によるABSの発行

第1章2で触れたとおり、中国においては2012年以降ABS（Asset Back

図表3-12 中国における主なオートローン会社のABS発行実績

オリジネーター	発行額	発行時期	裏付資産	FA
上海通用汽車金融（GMAC）	計19億元（2トランシェ）	2012.10.25	オートローン債権	上海汽車集団 中信証券
豊田汽車金融（TOYOTA）	計7億元（2トランシェ）	2014.5.23	オートローン債権	三菱東京HFJ（中国） みずほ（中国） 三井住友（中国）
東風日産汽車金融（NISSAN）	7億元	2014.6.6	オートローン債権	みずほ（中国）

（出所）報道等より筆者作成

Securities）の発行が活発となっており、本邦企業系のオートローン会社もABSの発行を行っている（図表3-12）。

過去日本でも同様の議論が存在したが、中国当局は間接金融（銀行融資）主体の金融構造への危機感から、証券化による資金調達を間接金融の延長線上に位置づけ、第1章4でもみたように、金融機関の取組みへのインセンティブも意識した規制体系を構築している。現状本邦企業の発行実績は自動車関連に限られるが、今後その他の業界への波及も期待され、本邦企業のさらなる活用が期待されよう。

3 東京市場の動向

最後に、中国本土の債券市場とは離れて、2015年東京市場において人民元建て債券（フジヤマ債）が発行されたことをふまえ、日中金融協力と東京市場の動向に関し説明したい。

(1) 背　　景

　2014年11月および2015年 4 月に、安倍晋三総理と習近平国家主席による日中首脳会談が実現した。日中間においては、2011年12月の野田佳彦総理（当時）と温家宝総理（当時）による首脳会談以降、「日中金融協力」に関する検討が行われた経緯があり、円と人民元の直接交換市場の構築といった先駆的な取組みが実現したが、2012年以降は、尖閣問題などもあり日中関係がむずかしい局面を迎え、こうした取組みが事実上ストップする時期が続いていた。

　そのようななか、人民元国際化の進展をふまえたオフショアでの人民元ビジネス拡大に向け、日本以外の諸外国の取組みは着実に進展した。日本経済や東京市場の活性化といった観点をふまえると、日中首脳会談の実現を受け、日本および東京市場もキャッチアップに向け、日中金融協力の再始動および深化に向けた取組みが求められる。

(2) 日中金融協力

　「日中金融協力」は、2011年12月に上述の野田・温会談において合意したものであり、「日中両国間の拡大する経済・金融関係を支えるため、両国の金融市場における相互協力を強化し、両国間の金融取引を推進する」ものとされている。このような取組みは、国際金融システム、特に日本経済と関連が深い東アジアの金融システムの安定に資するものとして理解されよう。

　2011年の日中金融協力の内容としては、①両国間のクロスボーダー取引における円・人民元の利用促進、②円・人民元間の直接交換市場の発展支援、③円建て・人民元建て債券市場の健全な発展支援、④海外市場での円建て・人民元建て金融商品・サービスの民間部門による発展慫慂、の 4 点、および合同作業部会の設置があげられる。

　貿易、為替、債券市場および各種金融商品・サービスといった、金融市場に係る幅広い分野での連携が想定されており、金融・資本市場ビジネスの観

図表3-13　日中金融協力と金融・資本市場ビジネス

合意事項	資本市場関連の取組み	金融・資本市場ビジネス
両国間のクロスボーダー取引における円・人民元の利用促進	日中間の国債持ち合い	本邦投資家の人民元建て投資拡大
円・人民元の直接交換市場の発展支援（構築ずみ）	JBICのパンダ債発行	本邦企業の人民元調達拡大
円建て・人民元建て債券市場の健全な発展支援	人民元クリアリングバンク設置	東京でのオフショア人民元建て債発行
海外市場での円建て・人民元建て金融商品・サービスの民間部門による発展慫慂	RQFIIの付与	人民元建て決済の拡大

（出所）　財務省資料より筆者作成

点からも重要な取組みといえよう（図表3-13）。

　日中金融協力の成果としてまず取り上げるべきは「円元直接交換市場の構築」である。2012年6月より、日中両国において第三国通貨を介さない直接交換が開始され、円元の直接交換市場が構築されている。

　円元直接取引は、決済の円滑化や、コスト低減、もしくは東京市場におけるオフショア人民元ビジネスの拡大を企図した枠組みであり、中国サイドは過度なドル依存の脱却とのねらいも有しているようだ。日本の取組みは世界初であり、以降、この取組みは、豪ドル、ニュージーランドドル、英国ポンドといった通貨にも拡大し、その先駆性を証明することとなった。

　実現には至っていないが「円建て・人民元建て債券市場の健全な発展支援」の観点から、国際協力銀行（JBIC、Japan Bank for International Cooperation）のパンダ債の発行や、日本当局による中国国債の投資などが課題としてあげられている。

　パンダ債は、中国本土で非居住者が発行する債券であり、国際金融公社やアジア開発銀行で発行実績がある。本邦企業はリース会社を中心に点心債の

起債実績を有しており、潤沢な人民元の流動性を有する中国本土債券市場へのアクセス強化は、本邦企業の人民元調達基盤拡充に資するものといえよう。また、日本当局が中国国債への投資を行うことは、本邦投資家の人民元建て投資拡大への呼び水として期待される。

　本邦企業の人民元調達の拡大や、本邦投資家の人民元建て投資拡大により、東京市場の人民元ビジネスの発展が期待される。東京市場における人民元関連の金融ビジネス拡大の帰結として、東京市場において人民元の蓄積が進み、人民元建て決済が円滑化するといった効果もあろう。なお、特に東京におけるオフショア人民元建て債券市場の構築については、金融ビジネスの中核として、また投資資金、人民元滞留の受け皿として、重要であるように思われる。

　以上のように日中金融協力は人民元国際化をふまえた、諸外国に先行した取組みであり、日本における人民元関連の金融ビジネス拡大への期待を抱かせるものであったが、一方、日中関係がむずかしい局面を迎えたことで、停滞を余儀なくされている。

(3) 人民元国際化と「3点セット」導入の進展

　日中金融協力が停滞するなか、日本以外の国での取組みは顕著に進展している。

　人民元国際化の進展により、世界各国でオフショア人民元が滞留し、オフショア人民元市場が形成されている。オフショア人民元市場の拡大は、①香港を中心とした萌芽期から、②ロンドン・台湾・シンガポール等への拡散を経て、現在は、③世界各国で人民元の活用が浸透する時期へと突入している。

　中国政府もそのような取組みを後押ししており、2014年3月の習近平国家主席の訪欧以降、世界各国で人民元クリアリングバンクの設置や（コラム2-1）、RQFII（Renminbi Qualified Foreign Institutional Investor）枠の付与が進むとともに、中資系銀行現地支店を中心に、オフショア人民元建て債券の発

図表 3-14 3点セットの主な導入状況

	クリアリングバンク	設置時期	RQFII（億元）	主な人民元建て債券の上場
香港	BOC	2003.12	2,700	中国国家開発銀行、中国国債、マクドナルド、キャタピラー、オリックス
台湾	BOC	2012.12	1,000	中国信託商業銀行、ドイツ銀行
シンガポール	ICBC	2013.2	500	HSBC、SCB、DBS、UOB、ICBC
ドイツ	BOC	2014.5	800	KfW、ABC、CCB
英国	CCB	2014.6	800	HSBC、英国国債、中国国債
韓国	BOCOM	2014.7	1,200	ウリィ銀行、ICBC
フランス	BOC	2014.9	800	BOC
ルクセンブルク	ICBC	2014.9	500	BOC

（出所） 報道等より筆者作成

行も盛んに行われている。ここでは昨今の動向をふまえ、人民元クリアリングバンク設置、RQFII付与、オフショア人民元建て債券の発行を、「3点セット」と名づけたい（図表3-14）。

3点セット導入の急速な拡大の背景には、中国当局の後押しだけではなく、国際金融センター構築に向けた各国の戦略がある。先進国を中心に、金融ビジネスをめぐる市場間競争が激しさを増すなか、3点セットの導入は次代のプレミアム・カレンシーと目される人民元への取組みの証左として、国際金融センターとしての市場間競争の必要条件となっているようだ。

また、中国当局も、経済成長に伴い中国が先進国への転換を目指すなかで、今後グローバルな金融ビジネスにおける中国の位置づけを高めることを重視しているものと思われ、オフショア人民元市場の拡大は、潤沢な人民元の流動性を背景とした中国の金融産業の成長戦略と表裏一体ともいえよう。特に、「一帯一路」構想において、欧州から中東、南アジア、東南アジアといった幅広い地域で、インフラ投資等を通じ人民元のプレゼンスを高めると

の取組みが行われるなか、一帯一路をカバーするかたちで3点セットの導入が進展していることも注目に値しよう。第二次世界大戦後の米国の取組みとの類似性を指摘し、一連の動きを「中国版マーシャル・プラン」と評す向きもある。3点セットの導入は、オフショア人民元市場における人民元取引の円滑化や活性化に資するものであり、一帯一路構想と金融との結節点としても意識されているように思われる。

なお、2016年6月に行われた米中戦略対話においては、米国に対する2,500億元（香港に次ぐ2番目の規模）のRQFII投資枠の付与などにつき合意がなされた。米国の参加により、人民元国際化をふまえたオフショア人民元市場への取組みは世界的な動きとなったものといえよう。

世界各国で3点セット導入が急速に拡大するなか、日本においても、2013年6月に閣議決定された日本再興戦略において、「アジアナンバーワンの金融・資本市場」を標榜したことをふまえれば、東京市場への3点セット導入による他国市場へのキャッチアップが引き続き喫緊の課題であることに議論の余地はない。日中首脳会談をふまえた、今後の取組みが重要となる。

(4) フジヤマ債の発行

3点セットのうち、東京市場における人民元建て債券発行に関しては、他の2点、すなわち人民元クリアリングバンク設置およびRQFII付与とは性質が異なることには留意が必要である。

人民元クリアリングバンク設置とRQFII付与は、あくまで中国当局の了解を前提とするものであり、市場としての成熟度や人民元ビジネスへの取組み以前の問題として、他国の経験等をふまえると、首脳外交の実現や中国首脳の訪問など、一定の外交上の手順が必要となるようだ。一方、オフショア人民元建て債券の発行に関しては、中国当局の監督の影響を受ける中資系企業以外は、基本的には特段規制は存在しない。このことは、他の2つに比し、東京市場でのオフショア人民元建て債券の発行については機動的な対応が可能であることを意味している。投資家や事務・システム面での対応は課題で

図表3-15 フジヤマ債の発行条件

発行体	三菱東京UFJ銀行	みずほ銀行（注）
金額	3.5億元（約70億円）	2.5億元（約50億円）
発行日	2015.6.24	2015.7.9
期間	2年	2年
利率	3.64%	3.82%

（注） みずほ銀行発行債はTOKYO PRO-BOND Marketへ上場。
（出所） 各行プレスリリース等より筆者作成

あるものの（コラム3-3）、当面は東京市場でも人民元建て債券発行への取組みが重要と考えられる。

そのようななか、2015年には三菱東京UFJ銀行とみずほ銀行が東京市場においてオフショア人民元建て債券の発行を行った（図表3-15）。東京市場におけるオフショア人民元建て債券の愛称は明確ではないものの、報道等によれば「フジヤマ債」が有力なようだ。

東京市場は香港のようにオフショア人民元の蓄積が十分ではなく、投資家も負債サイドに十分な人民元を有しているわけではないことから、東京市場における人民元建て債券の発行が急速に拡大する可能性は乏しいものと思われる。しかし、本邦企業にとっては、知名度を有し本社財務部門が所在する東京での人民元建て債券発行は、相対的に有利な人民元調達手段となる可能性があることをふまえれば、メガバンクによるフジヤマ債の発行は、東京市場の機能強化に向けた先駆的な取組みと位置づけられるものと考えられよう。

国際金融センターとしての地位確立により、東京市場の人民元ビジネスや人民元の滞留が充実し、本邦企業にとって有利な人民元調達手段としてのフジヤマ債市場が拡大することに期待したい。

コラム 3-1

■ MTNの発行条件 ■

　中国債券市場（オンショア）における足許の債券の発行金利を債券格付別に整理した（図表3－16～3－19）。AA格ならびにAA＋格の債券格付を取得した銘柄は発行年限も多様に富んでおり、発行件数も相応に積み上がっている。

図表3－16　債券格付別平均発行金利（債券格付：AA＋）

年限	銘柄数	発行利率（％）	単純平均利率（％）
3年	18	3.09～7.00	4.09
4年	3	3.76～4.48	4.24
5年	47	3.30～5.80	4.30
7年	21	3.89～6.70	4.66
10年	1	4.37	4.37
15年	4	3.68～4.38	3.88
合計	94	—	—

（注）　対象期間：2016年2月1日～2016年3月31日
（出所）　Windより筆者作成

図表3－17　債券格付別平均発行金利（債券格付：AA）

年限	銘柄数	発行利率（％）	平均利率（％）
2年	2	3.25～4.60	3.93
3年	37	3.19～7.10	4.61
4年	6	4.09～6.66	5.47
5年	34	3.60～7.50	4.36
6年	1	4.58	4.58
7年	38	3.80～7.00	4.62
8年	1	4.49	4.49
10年	7	4.18～5.38	4.58
合計	126	—	—

（注）　対象期間：2016年2月1日～2016年3月31日
（出所）　Windより筆者作成

一方、AA-格やA+格の債券格付を取得した銘柄については発行件数もかなり限定されており、銀行借入れ（ローン）と比較した場合に調達コストにおけるメリットが乏しいこともその一因となっている可能性はあろう。

図表3-18　債券格付別平均発行金利（債券格付：AA-）

年限	銘柄数	発行利率（％）	平均利率（％）
3年	1	3.80	3.80
10年	5	4.35～4.60	4.45
合計	6	－	－

（注）　対象期間：2016年2月1日～2016年3月31日
（出所）　Windより筆者作成

図表3-19　債券格付別平均発行金利（債券格付：A+）

年限	銘柄数	発行利率（％）	平均利率（％）
10年	3	4.85～5.20	5.05

（注）　対象期間：2016年2月1日～2016年3月31日
（出所）　Windより筆者作成

コラム 3-2

■ 人民元国際化とパンダ債 ■

　香港上海銀行（HSBC、The Hongkong and Shanghai Banking Corporation）と中国銀行（BOC、Bank of China）の香港現地法人（BOC香港）が2015年9月にパンダ債を発行している。中国政府は、これまで段階的にパンダ債発行を進めてきた経緯があるが、IMFのSDRにおける人民元の取扱いをめぐる議論が活発となるなか、これらパンダ債の発行が実現することとなった（図表3-20）。

　HSBCとBOC香港の発行条件は、発行額10億元、期間3年、利率3.5％と、同一となった。利率については、マーケティングの下限で決着したようであり、傍ら、地場の商業銀行の残存3年の債券が流通市場において3.77％程度で取引されるなか、流動性に乏しいこと等をふまえると、やや割高感のある水準との評価もあった。なお、BOCの格付はA格（Aa3／MDY、A＋／S&P）であるのに対し、HSBCはAA格（Aa2／MDY、AA－／S&P）であり、そもそも格付が1ノッチ異なるなか、発行額と期間が同一であるにもかかわらず結果として利率に差異が生じなかったことは、プライシングの透明性との観点で課題との指摘もあった。なお、発行市場は銀行間債券市場である。

　今回香港の発行体が選ばれたことは、中国本土と香港の制度の同等性を背景としたものと思われる。第3章2⑷で会計については説明したが、この点は、会計にとどまらず監査などについても課題となる。IMFの検討スケジュールを

図表3-20　HSBCとBOC香港のパンダ債発行

	HSBC	BOC香港
発行額	10億元	
期間	3年	
利率	3.5％	
格付	AAA（中誠信）	AAA（中債資信用）
市場	中国銀行間債券市場	
発行日	2016.9.29	
資金使途	資金調達の一環	海外事業

（出所）　報道等より筆者作成

意識し時限性があるなか、中国本土と最も制度上の同等性が担保された香港の現地法人が発行体として選定されたことは、合理的な選択として理解できよう。また、発行体が金融機関であったことも、検討期間が限られるなか、人民元調達ニーズを有するとともに信用力が比較的高く、債券発行に手慣れていることが評価されたものと思われる。

　この動きは、人民元のSDR入りと密接にかかわっている。SDRは1969年にIMFが加盟国の外貨準備資産を補完する手段として創設した国際準備資産であり、ユーロ、日本円、スターリングポンド、および米ドルの通貨バスケットから構成されていた。SDRの構成通貨は5年ごとに見直しが行われており、2015年が再評価の時期となっていた。IMFの検討の結果、人民元は2015年の見直しにおいてSDR入りすることとなった。

　中国政府は外貨準備としての適格性を意味する人民元のSDR入りを人民元国際化の象徴ととらえているようだ。2015年の見直しのタイミングで人民元のSDR入りが見送りとなり、2020年に再挑戦することは、中国政府にとって耐えられないとの意識があったようだ。

　SDR入りにおいては、「貿易の量」と「取引の自由度」が問われることとなるが、今般のIMFの審査においては、特に後者が問題視されたようだ。中国の資本市場の開放は「取引の自由度」を示す重要な指標となっており、中国政府は、パンダ債の発行について、開放を示す有力なPR材料としてとらえていたことが想定される。HSBCとBOC香港のパンダ債発行のタイミングは、IMFの検討を意識したものといえよう。

コラム 3-3

■ 人民元建て証券決済 ■

　人民元建てに限らず、円以外の金融商品を販売する場合、東京市場では、事務・システム対応が課題となることが多い。この背景としては、東京市場が外貨建ての金融商品を前提としていないことが指摘される。

　東京市場では円建ての金融商品が中心であり、外貨建ての金融商品に関しても、実態としては円換算を行ったうえで資金決済を行っていることが多い。そして、市場関係者、すなわち投資家、仲介業者等も円建てでの資金決済を前提に（外貨建てでの資金決済を想定せずに）業務フローやシステムを構築しているのが実態と思われる。オフショア人民元建て債券を含む外貨建ての金融商品の発行・流通に関しては、証券決済・資金決済を中心に、事務・システム対応に関する整理を要する状況にある。

　証券決済は証券と資金の双方向での取引であり、証券が移転したものの資金決済が行われない（もしくはその逆）といった可能性を有している。一方、証券取引は適宜売買を行うことのできる流通市場を前提とするものであり、そのような商品性に起因し、証券決済は不可避と考えられる。証券決済の安全性が確保されることは、証券市場成立の大前提となっている。

　証券決済における固有のリスクを制御するため、①DVP（Delivery Versus Payment）と、②ファイナリティ（決済完了性）が重視されている。これらの2点は、国際決済銀行等の国際的な勧告においても実施基準として採用されている状況にある。

　DVPとは、証券の引渡し（Delivery）と資金の支払（Payment）を相互に条件づけして行うことを指す。相互に条件づけすることでリスクが制御されることとなる。実際の取引においては、証券決済を司る証券決済機関と、資金決済を司る資金決済会社においてそれぞれ決済が行われることとなる。DVPの実現においては、証券決済機関と資金決済会社にシステム的な接続等のリンケージを構築し、一方のみで取引が成立しないような仕組みとする必要がある。ファイナリティとは、決済完了性ともいわれ、決済が無条件かつ取消不能となり、最終的に完了した状態、すなわち組戻しのおそれがない状態になることを指す。決済システムにおいては中央銀行において資金決済が行われることで、ファイナリティが確保されている。

日本の証券決済制度では、円以外の通貨に関し、DVPとファイナリティを担保する機能が存在しない状況である。諸外国では、複数の通貨について証券決済システムを有する事例も存在する。人民元については人民元クリアリングバンクの活用も可能であろう。DVP以外のかたちで取引の安全性を確保する工夫の余地もあるように思われる。国際競争力確保のため、東京市場の機能整備の進展に期待したい。

略語一覧

ABMF ASEAN+3 Bond Market Forum
ABMI Asian Bond Markets Initiative
ABS Asset Back Securities
ADB Asian Development Bank
ADBC Agricultural Development Bank of China
AMBIF ASEAN+3 Multi-Currency Bond Issuance Framework
ASEAN Association of South-East Asian Nations
BIS Bank of International Settlements
BOC Bank of China
CBRC China Banking Regulatory Commission
CCDC China Central Depository & Clearing
CCP Central Counterparty
CDB China Development Bank
CFETS China Foreign Exchange Trade System
CGIF Credit Guarantee and Investment Facility
CHINA EXIM BANK The Export-import Bank of China
CIC China Investment Corporation
CIPS RMB Cross-Border Interbank Payment System
CIRC China Insurance Regulatory Commission
CLO Collateralized Loan Obligation
CNAPS China National Advanced Payment System
CSD Central Securities Depository
CSDC China Securities Depository and Clearing
CSRC China Securities Regulatory Commission
DVP Delivery Versus Payment
ETF Exchange Traded Fund
GATT General Agreement on Tariffs and Trade
GDP Gross Domestic Product
HIBOR Hong kong Interbank Offered Rate
HSBC The Hongkong and Shanghai Banking Corporation
ICBC Industrial and Commercial Bank of China
IFRS International Financial Reporting Standards
IMF International Monetary Fund
JASDEC Japan Securities Depository Center
JBIC Japan Bank for International Cooperation
MOF Ministry of Finance
MTN Midium Term Note

NAFMII National Association of Financial Market Institutional Investors
NDRC National Development and Reform Commission
PBOC The People's Bank of China
QFII Qualified Foreign Institutional Investor
RMBS Residential Mortgage-Backed Securities
RQFII Renminbi Qualified Foreign Institutional Investor
RTGS Real-Time Gross Settlement
SAFE State Administration of Foreign Exchange
SCH Shanghai Clearing House
SDR Special Drawing Rights
SHIBOR Shanghai Interbank Offered Rate
STAQシステム Securities Trading Automated Quotation System
STP Straight Through Processing
SWF Sovereign Wealth Fund
SWIFT Society for Worldwide Interbank Financial Telecommunication
WTO World Trade Organization

事項索引

数字
327国債先物事件 ……………… 36

A～Z
A株 ………………………………… 75
ABMF、ASEAN＋3 Bond Market Forum ………………… 67
ABMI、Asian Bond Markets Initiative ………………… 4,66
ABS、Asset Back Securities ……………………………… 117,188
ADBC、Agricultural Development Bank of China ………… 69
AMBIF、Asean＋3 Multi-Currency Bond Issuance Framework ………………… 67
ASEAN＋3債券市場フォーラム … 67
Asian Bonds Online …………… 4
B株 ………………………………… 75
CBRC、China Banking Regulatory Commission ………… 11
CCDC、China Central Depository & Clearing ……… 14,87,119
CDB、China Development Bank …………………………… 11,68
CEB、CHINA EXIM BANK、The Export-import Bank of China ……………………… 69
CFETS、China Foreign Exchange Trade System ……… 126
CGIF、Credit Guarantee and Investment Facility ………… 4
China Bond ……………………… 115
CIC、China Investment Corporation ……………………… 8
CIPS、RMB Cross-Border Interbank Payment System …… 156
CIRC ……………………………… 33
CLO、Collateralized Loan Obligation ……………………… 21
CMU、Central Moneymarkets Unit ……………………… 184
CNAPS、China National Advanced Payment System ……… 89
CNH ……………………………… 140
CNY ……………………………… 135
CSDC、China Securities Depository and Clearing … 14,87,119
CSRC、China Securities Regulatory Commission ………… 9,31
DVP、Delivery Versus Payment ……………………… 200
H株 ……………………………… 101
IMF、International Monetary Fund ……………………… 24,73
Legal lending limit ……………… 174
MOF、Ministry of Finance ……… 33
NAFMII、National Association of Financial Market Institutional Investors …… 9,31,126
NDRC、National Development and Reform Commission …… 14,32
North bound …………………… 102
PBOC、The People's Bank of China ……………………… 9,30
Pre-match ……………………… 94
QFII、Qualified Foreign Institutional Investor ……… 32,72,98

Quota ················· 75, 81
RMBS、Residential Mortgage-
　Backed Securities ········ 21
RQFII、Renminbi Qualified
　Foreign Institutional Inves-
　tor ·················· 62, 98
RTGS、Real-Time Gross Set-
　tlement ················ 89
SAFE、State Administration
　of Foreign Exchange ···· 32, 174
SCH、Shanghai Clearing House
　················· 87, 119
SCP ····················· 16
SDR、Special Drawing Rights
　····················· 24, 73
SHIBOR、Shanghai Interbank Of-
　fered Rate ············ 113
South bound ············ 102
STAQシステム、Securities
　Trading Automated Quota-
　tion System ············ 36

あ
アジア債券市場育成イニシア
　ティブ ················ 3, 66
アジア・ボンド・オンライン ······ 4

い
一行三会 ················ 33
一帯一路 ··············· 193

え
円元直接交換市場 ·········· 191

お
オートローン債権の証券化 ······ 21
オープン・エンド型中国ファン
　ド ···················· 84
オフショア債券市場 ············ 2
オフショア人民元建て債券
　················ 2, 61, 178
親子ローン ············ 57, 174

か
回金規制 ················ 83
会計基準 ··············· 187
外債枠 ··············· 57, 174
格付機関 ················ 28
貸出金利規制 ············· 58
貸出債権の証券化 ············ 21
カストディ銀行 ············· 85
管理弁法 ················ 34

き
企業債 ·················· 14
基礎額 ·················· 81
銀行間債券市場 ··········· 8, 88
銀行間債券市場決済代理人 ······ 132
銀証分離 ················ 27
金融債 ················· 10

く
クロスボーダー人民元決済 ········ 64

け
決済サイクル ············· 93
決済代理人 ············ 88, 124

こ
公司債 ················· 16
甲類資格 ················ 88
顧客サービス契約 ··········· 128
国際通貨基金 ············ 24, 73
国家外貨管理局 ·········· 32, 174

事項索引　205

国家経済建設公債 ……………… 35
国家発展改革委員会 …………… 14,32

さ
サーキット・ブレーカー・
　ショック ……………………… 41
債券決済資金口座使用契約 ……… 129
債券決済代理業務契約 …………… 127
財政部 ………………………… 18,33
財政部による代理発行形式 ……… 18
最低投資限度額規制 ……………… 83
三類機構 …………………… 72,96

し
資金決済銀行 ……………………… 89
資産担保証券 ……………… 18,117
市場終値 ………………………… 138
事前照合 …………………………… 94
私募債 …………………………… 16
上海銀行間取引金利 ……………… 113
上海国際金融センター構想 ……… 105
上海自由貿易試験区 ……………… 46
上海証券取引所 …………………… 9
上海清算所 ……………… 14,87,119
住宅ローン債権証券化 …………… 21
場外配資 ………………………… 41
償還差益（キャピタルゲイン）
　課税 …………………………… 103
証券決済機関 ……………… 87,118
新国九条 ……………………… 19,42
深圳証券取引所 …………………… 9
人民元クリアリングバンク …… 62,154
人民元クロスボーダー支払シ
　ステム ………………………… 156
人民元国際化 ………………… 2,64
人民元建てオフショアローン
　………………………………… 59,174

人民元建て証券決済 ……………… 200
人民元適格外国機関投資家（制
　度）………………………… 62,72,98
人民元特殊預金口座 ………… 87,127
人民勝利折実公債 ………………… 35
信用格付業者制度 ………………… 28
信用保証・投資ファシリティ ……… 4

せ
政策性銀行 …………………… 10,68
政策性銀行債 ………………… 11,68

そ
総量規制 …………………………… 58
即時グロス決済 …………………… 89

た
対外債務管理 …………………… 187
対外債務管理規制 ………………… 57

ち
地方債 ……………………………… 8
地方政府融資平台公司（融資プ
　ラットフォーム）………………… 18
中央国債登記結算有限責任公司
　………………………………… 14,87,119
中国外為取引センター ………… 126
中国銀行間市場交易商協会
　…………………………………… 9,31,126
中国銀行業監督管理委員会 ……… 11
中国現代化支払システム ………… 89
中国国家開発銀行 …………… 11,68
中国国債引受団 ………………… 163
中国債券イールドカーブおよび
　基準価格についてのエンド
　ユーザーサービス契約 ……… 129
中国債券情報網 ………………… 115

中国証券監督管理委員会 9, 31
中国証券登記結算有限責任公司
　　　　　　　　　　......... 14, 87, 119
中国証券取引自動気配表示システム 36
中国人民銀行 9, 30
中国人民銀行大口支払システム ... 128
中国人民銀行仲値 135
中国投資有限責任公司 7
中国農業発展銀行 69
中国保険監督管理委員会 33
中国輸出入銀行 69
超過枠 81

つ
通貨スワップ 149

て
適格外国機関投資家（制度）.... 32, 72
適格格付機関 28
点心債 61, 183

と
投資限度額 75, 81
特殊決済メンバー 10
特別引出権 24, 73
取引所市場 8

な
南行線 102

に
日中金融協力 190

は
パンダ債（熊猫債）......... 12, 175, 198

ひ
非流通株 39
非流通株改革 39

ふ
ファイナリティ（決済完了性）
　　　　　　　　　　......... 154, 200
滬港通（フーガントン）......... 72, 101
フジヤマ債 63, 194
ブローカー 87
分税制 18
分配比率 87

ほ
北行線 102
本土債 59, 175

み
未富先老 48

も
モルガン・スタンレー・キャピタル・インターナショナル（MSCI）の新興国株式指数 106

ゆ
融資融券 41
ユニバーサル・バンキング 27

よ
与信規制 174
預貸比率規制 174

ろ
ロック・アップ期間 83

事項索引　207

中国債券取引の実務
──急成長する発行・流通市場へのアプローチ

平成29年3月1日　第1刷発行

　　　　　　　　　　編著者　みずほフィナンシャルグループ
　　　　　　　　　　発行者　小　田　　　徹
　　　　　　　　　　印刷所　株式会社太平印刷社

〒160-8520　東京都新宿区南元町19
発　行　所　一般社団法人 金融財政事情研究会
　　　　　編 集 部　TEL 03(3355)2251　FAX 03(3357)7416
販　　　売　株式会社きんざい
　　　　　販売受付　TEL 03(3358)2891　FAX 03(3358)0037
　　　　　　　　URL http://www.kinzai.jp/

・本書の内容の一部あるいは全部を無断で複写・複製・転訳載すること、および
　磁気または光記録媒体、コンピュータネットワーク上等へ入力することは、法
　律で認められた場合を除き、著作者および出版社の権利の侵害となります。
・落丁・乱丁本はお取替えいたします。定価はカバーに表示してあります。

ISBN978-4-322-13048-5